# 体教融合理念下
# 青少年体能训练的
# 系统分析与创新研究

王万莉　著

SPM 南方传媒　广东人民出版社
·广州·

**图书在版编目（CIP）数据**

体教融合理念下青少年体能训练的系统分析与创新研究 / 王万莉著．—广州：广东人民出版社，2024.4
ISBN 978-7-218-17441-9

Ⅰ．①体… Ⅱ．①王… Ⅲ．①青少年—体能—身体训练—教材 Ⅳ．①G808.17

中国国家版本馆 CIP 数据核字（2024）第 056463 号

TIJIAO RONGHE LINIAN XIA QINGSHAONIAN TINENG XUNLIAN DE XITONG FENXI YU CHUANGXIN YANJIU
体教融合理念下青少年体能训练的系统分析与创新研究

王万莉 著

**出 版 人**：肖风华

**责任编辑**：马妮璐
**责任技编**：吴彦斌
**装帧设计**：马静静

**出版发行**：广东人民出版社
**地　　址**：广东省广州市越秀区大沙头四马路 10 号（邮政编码：510199）
**电　　话**：（020）85716809（总编室）
**传　　真**：（020）83289585
**网　　址**：http://www.gdpph.com
**印　　刷**：北京亚吉飞数码科技有限公司
**开　　本**：710mm×1000mm 1/16
**印　　张**：13.75　　**字　　数**：214 千
**版　　次**：2025 年 1 月第 1 版
**印　　次**：2025 年 1 月第 1 次印刷
**定　　价**：92.00 元

**如发现印装质量问题，影响阅读，请与出版社（020-85716849）联系调换。**
**售书热线：（020）87716172**

# 前　言

青少年的体能训练不仅关系到我国未来的国民健康水平、国家持续发展，同时也与竞技体育事业的发展以及国家整体发展战略具有密切的关系。青少年是国家最宝贵的财富，而他们的体能发展情况将直接决定着国家未来命运的兴衰。科学、合理、系统、全面地发展青少年的体能水平，使他们得到全面的成长是本书写作的初衷。

青少年体能训练有其特有的科学依据和发展目标，不同的青少年群体发展体能的目标和方法也不尽相同。在体教融合理念下，我国的青少年体能发展水平显然还具有很大的发展空间。如何在青少年的关键成长阶段，对他们进行科学的体能训练，使其获得最佳的发展机会，无论是体育运动水平的突破，还是身体素质的提升，对个人、社会和国家都具有深远的意义。在这样的背景下，作者经过多年的潜心研究并结合实践尝试，精心撰写了本书。

本书共七章，第一章对体教融合的基本理念进行了科学解读，体教融合思想是我国指导青少年体育发展，尤其是在科学竞技体育后备人才方面发挥着举足轻重的作用。第二章主要研究了青少年的体能发展特征，以及依据此特征而进行的训练方法和计划的设计等内容。第三章将青少年体能课的相关内容进行了透彻的梳理，对教学原则、方法、组织、管理等问题都给出清晰的阐述。第四章是对青少年基础体能训练的相关内容及创新进行了分析。第五章则针对青少年运动员群体的体能训练与创新展开了探索，其中对当前主流的运动项目都做了分别研究，包括田径、球类、健美操、游泳、体育舞蹈、武术等项目。第六章分析了青少年趣味体能训练和智能体能训练的内容。由于青少年的年龄特点，他们对体能训练的耐受能力不及成人，为了保护他们的训练热情和积极性，必须不时地穿插趣味性训练手段，让他们在轻松的游戏中完成艰苦的体能训练。另外，还考虑到必须要让体育教学与时代发展相一致，因此对智能体能训练的内容也做了简单的介绍。第七章是从运动营养、运动疲劳与消除、训练再生与恢复、运动损伤和预防等几个方面进行研究，将青少年有可能在体能训练中遇到的问题做出全面研究，并给出切实可行、简单有效的方法。总之，本书通过七个章节的阐述，将体教融合理念下我国青少年体能训练的现状和发展进行了系统梳理，以促进青少年的全面成长为前提，在他们人生的重要发展阶段，使其体能水平得到最好的发展，并顺利实现个人价值，以为国家和社会的发展做出自己的贡献。

整体而言，本书内容全面、论证严谨，并且做到了理论与实践相结合，尽管当前我国对青少年体能训练的相关研究还有待深入，但是通过大量研读国际上最领先的相关文献，以及结合自身和同行多年的工作实践经验，对青少年的体能训练内容做出了较为客观的研究和整理，对促进青少年的全面发展，尤其是提升其体能训练的效果具有一定的实践指导意义。因此，本书对青少年体能训练的现状和发展的研究较为全面和深入，并且结合实践给出了大量的训练方法和手段，尤其是体现出尊重青少年发展规律的体能训练方法以及趣味体能训练方法，相信本书对指导青少年体能发展的各界同仁具有一定的辅助作用。

在本书的撰写过程中，作者参考并借鉴了当前国内外许多专家、学者的研究成果，在此表示诚挚的感谢。由于本人水平有限，时间紧迫，书中难免有不妥与疏漏之处，敬请广大读者批评指正。

作者

2023年10月

# 目　录

# 第一章　体教融合理念下青少年体能训练的现状与发展

体教融合理念是我国独有的为有效培养和发展竞技体育后备人才的一种先进教育指导思想，并且已经得到广泛的应用。本章将对我国青少年体能训练的现状和发展情况做出研究。其内容包括体教融合理念的科学解读、体教融合理念下青少年体能训练的必要性、青少年体能训练的现状与发展建议、体教融合理念下体能训练走进学校体育课的发展思路、体教融合理念下学校体能训练课程建设路径，以及体教融合理念下青少年体育后备人才的科学培养。

# 第一节　体教融合理念的科学解读

## 一、体教融合的基本概念

### （一）对体教融合的不同理解

体教融合是我国体育事业实行的一项重要政策，是为了改善由于体教脱节所带来的一系列问题，是促进我国青少年全面健康发展的一项重要举措，是提高竞技体育后备人才文化素养的有效手段，也是解决青少年退役后顺利就业参加社会建设的有力保障。它更加符合“以人为本、全面协调可持续发展”的科学发展观。不过，就目前来看体育界对这项政策的理解，还存在一些差异，各有不同的侧重，它主要体现在如下几个方面：

（1）体教融合是指教育系统依靠自身的资源优势，培养竞技能力强、文化成绩优秀的青少年。

（2）整合体育与教育两个系统的资源，提高效能，形成合力，共同培育竞技体育后备人才。

（3）体教融合的本质就是“专业化的竞技体育与教育的结合”。

（4）体教融合是高度专业化的竞技运动与教育机构的结合。

### （二）体教融合的基本释义

综合各家观点，体教融合的基本内涵是指广义的体育与广义的教育进行有机的结合。结合学校体育、竞技体育和社会体育各自的特点与不同需求，分别进行有针对性的文化素质教育，它不仅局限于学校内的教育体系，也包括学校围墙之外的社会再教育系统。

## 二、体教融合的新定位

在当前的时代背景下，体教融合是符合我国社会发展要求的一种教育理念，不仅对青少年群体的身体健康水平、运动素质水平具有重要的意义，同时对全体国民的身体素质也具有决定性的影响作用。体教融合的新定位是指学校体育与教育的融合、竞技体育与教育的融合，以及大众体育与教育的融合几个部分。

### （一）学校体育与教育的融合

学校体育是体教融合的重点部分，也是提出体教融合理念的源头所在。通过学校的有效组织，能够发挥极大的组织力量，带动青少年参与体育运动，培养其体育兴趣，锻炼其筋骨，磨炼其意志，应该说，学校体育是提高我国国民身体素质的根本。

### （二）竞技体育与教育的融合

竞技体育后备人才是我国竞技体育事业发展的根本动力，决定着国家体育强国发展战略的实际进程。然而，实现体育强国不仅是在国际重要比赛中获得优秀的名次，还包括对整体体育文化的塑造和建设，而运动健儿们的文化素养水平决定着我国体育文化发展的水平。因此，对竞技体育后备人才的全面教育，尤其是文化素养的提升是体教融合政策需要重点落实的工作内容，它包括对竞技体育后备人才的基础教育、人格培养，以及对他们的退役就业做好能力的准备。

### （三）大众体育与教育的融合

社区体育、家庭体育、乡村体育等都属于大众体育的范畴，除了院校体育和竞技体育以外，大众体育占据着更大的人口基数，涉及范围更广，对国民整体健康素质水平的影响更为直接。因此，将大众体育与教育相融合是体教融合的重要内容之一。

社区体育与教育是指以社区为单位，对社会青少年群体的再教育，通过加强体育运动，使他们的生活更加充实、丰富，并更具品质。

乡村体育与教育是面向广大乡村地区的体育教育活动，由于客观条件的限制，乡村青少年大众的体育发展较为滞后，但是，他们同样具有发展体育、获得更好生活的权利和需要，为了缓解这一现实困境，以及响应全民健身运动的号召，应加大对乡村体育发展的投入力度。比如，通过一些政策支持，鼓励体育教师、体育专业人员走进乡村，让普通的农民青少年群众有机会接触到体育专业人员的指导，这是促进乡村体育发展的重要因素。

家庭体育与教育是指号召每一个家庭行动起来，积极参与体育运动和身体锻炼，从而有效带动青少年在日常生活中开展规律的体育健身运动。家庭是社会的最小单位，是国家治理和社会发展的基本力量。因此，在体教融合理念下，发展家庭体育是提升国民身体素质不可或缺的一部分。

## 第二节　体教融合理念下青少年体能训练的必要性

### 一、青少年体能训练的基本内容

#### （一）身体形态训练

1.身体形态训练的意义

（1）青少年的运动能力会受到身体形态的直接影响，有利的身体形态能够让青少年占尽先机，而不利的身体形态会制约青少年的机能发展。众所周知，不同的运动项目对青少年的身体形态有不同的要求，而身体形态又在很大程度上受遗传和环境等因素的影响。所以，遗传等因素是选材的主要考虑因素，身体形态条件优越的青少年在选材中占优势。

（2）某种程度上而言，身体形态是青少年生长发育水平、身体机能水平和竞技水平的主要反映，是竞技体育后备人才选材的一项重要标准。

（3）体能训练最基本的内容就是对青少年的身体形态进行训练，以此来适当地改造其身体形态，朝着更加有利于专项运动的方向发展。运动素质的发展会受到身体形态的影响。所以，在青少年身体形态训练中，训练方法必须系统科学，以提高青少年的运动成绩为主要目标。

2.身体形态训练途径

身体形态的训练途径主要有以下几种：

（1）身体训练

科学的身体训练方法可以有效地改善青少年的身体形态，即科学、系统、适合青少年身体发展需求的身体训练，会对青少年的身体形态产生积极的影响，并促进青少年运动水平的发展。

（2）专项训练

对竞技体育后备人才的身体形态训练，是以专项运动为目标的，因此专项运动的特点和需要，是身体形态训练的重要指导。并且，专项训练会直接影响青少年的专项运动水平和成绩。只有科学合理的专项训练手段才能改善青少年专项所需的身体形态，而不当的方法则有可能给青少年的身体带来损害。

（3）形体训练

身体形态训练有利于青少年在成长过程中，通过恰当的运动训练而获得良好的身体姿态。

## （二）身体机能训练

身体机能包括心肺系统、肌肉系统、免疫系统、神经系统等，其主要涉及的内容如图1–1所示。

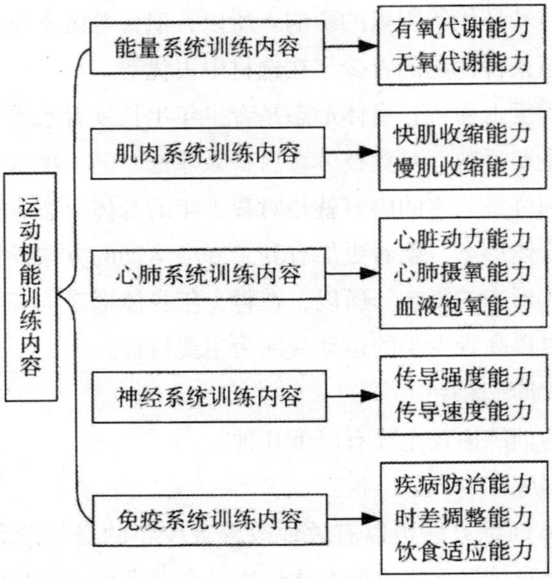


图1–1　身体机能训练内容体系

## （三）运动素质训练

运动素质包括力量、耐力、速度、柔韧等内容，这是运动素质训练的主要内容（图1–2）。需要注意的是，各个运动素质并非独立存在的，他们彼此之间具有相互促进或制约的关系，即一个要素的变化会影响其他素质的发展。因此，现代运动素质训练中十分注重复合运动素质和基本运动素质的整体表现，它们之间的关系如图1–3所示。

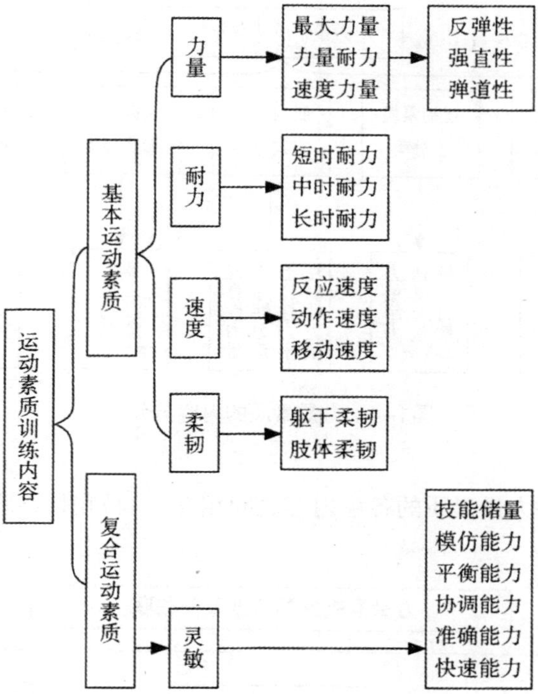


图1-2　运动素质训练内容体系

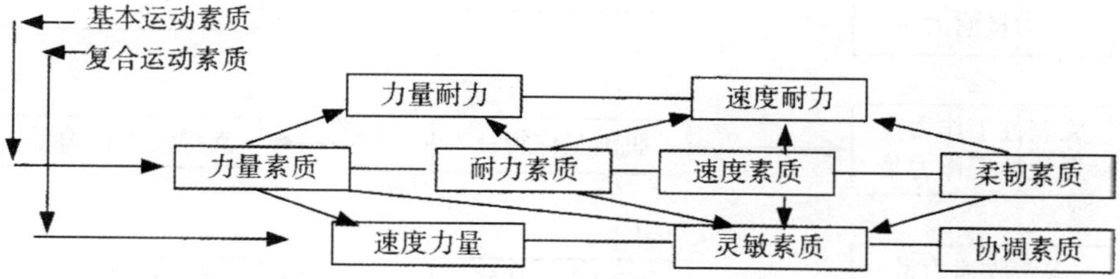


图1-3　运动素质要素及相互关系

在这些运动素质中，力量素质是训练的基础，大量的数据表明，青少年力量素质的提高能够积极影响其他运动素质的改善。力量素质的具体内容与分类如图1-4所示。

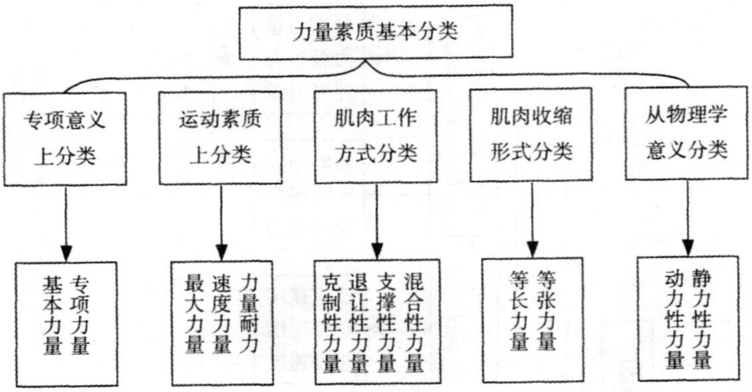


图1–4　力量素质的内容与分类

同一分类中力量素质的各项内容之间相互影响如图1–5所示。

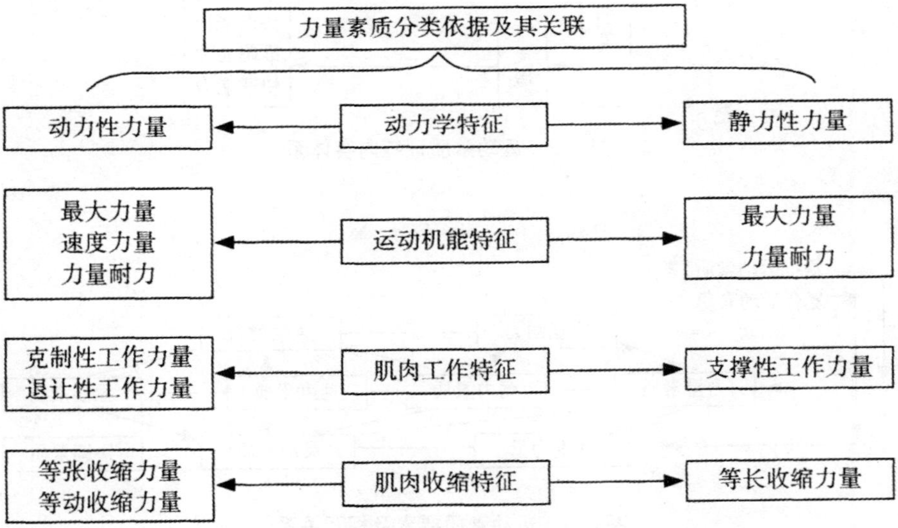


图1–5　力量素质的关系结构图

对于很多项目而言，耐力素质都非常重要，耐力素质的好坏决定着青少年能够坚持运动的时间和抵御疲劳的能力。耐力素质有多种不同的类型（表1–1），不同项目对青少年耐力素质的要求主要侧重于某一类耐力素质，具体因项目特点和需要而不同。

表1-1　耐力素质的分类

| 分类依据 | 类型 |
|---|---|
| 运动机能 | 力量耐力 |
| | 速度耐力 |
| 运动状态 | 动力性耐力 |
| | 静力性耐力 |
| 负荷时间、强度分类 | 短时耐力 |
| | 中时耐力 |
| | 长时耐力 |
| 能量供应形式分类 | 无氧耐力 |
| | 有氧耐力 |
| 组织器官系统分类 | 肌肉耐力 |
| | 心血管耐力 |
| 运动专项分类 | 一般耐力 |
| | 专项耐力 |

从表1-1可知，耐力素质的分类方法有很多，耐力素质隶属种类之间形成了密切的关系。例如，以负荷时间、负荷强度为依据而划分的耐力素质类型在能量供应中具有相应的特点（图1-6）。

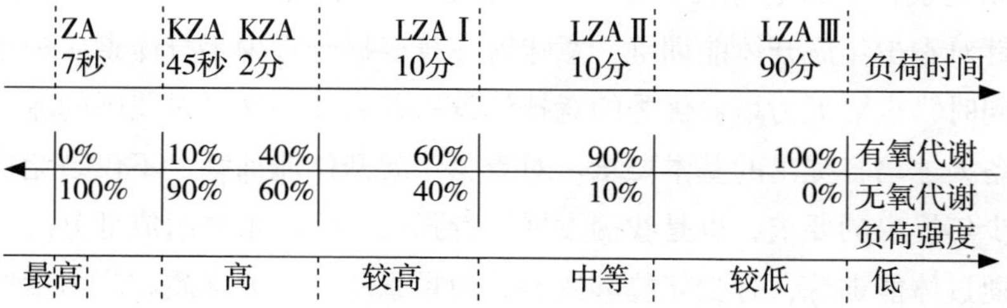


图1-6　耐力素质的能量供应

对耐力素质的能量供应特点进行分析与研究，有助于为科学设计与运用耐力素质训练方法提供参考。

## 二、青少年体能训练的主要价值

### （一）促进身体健康、增强体质

体能训练是运动训练的重要组成部分，也是运动训练的基础。青少年首先通过基本体能训练来提高身体健康水平，改善基本身体素质，如此才能为参与艰苦复杂的专项体能训练、技能训练打好体能基础和健康基础，为进行系统训练提供根本保证。

青少年科学参与体能训练，能够促进身体形态的改善，促进身体机能水平的提升，使各个器官和系统的功能得到改善，尤其是能够促进运动功能的增强，这些方面的改善又有助于促进运动素质的增强，提升机体的适应能力，使青少年不管是身体形态、身体机能，还是运动素质与综合运动能力等，都符合专项要求，满足需要。青少年拥有良好的体质能够为进行专门的技战术训练提供良好的基础条件，为提升整体竞技能力提供物质保证。

### （二）充分发展机体的运动素质

现代竞技运动发展迅速，全世界各国的优秀运动员不断地刷新各个项目的运动纪录，不断地将人类竞技体育推至更高的位置。在体教融合理念下，我国针对青少年展开体能训练，意味着在普遍提升青少年身体素质和运动素质的同时，也要大力培养优秀的竞技体育后备人才。这是对我国的体育教学和后备人才培育提出的基本要求。对青少年展开体能训练，不仅是竞技体育对青少年提出的要求，也是我国发展体育强国战略的重要组成部分。

通过体能训练，青少年能够发展其力量素质、速度素质和耐力素质，同时，在柔韧素质、灵敏素质、平衡素质方面也得到协调发展。通过体能训练，为竞技体育后备人才的身体素质打下扎实的基础，为体能和运动水平的进一步发展做好准备。

## （三）是适应高负荷训练的保障

现代竞技运动，比赛强度高，竞赛频繁，需要青少年在艰苦的训练和高压的比赛之间不停地切换。既要能应对日常高强度的训练，又要在重大比赛中奋力拼搏，这些都需要青少年具备超强的体能才能顺利应对。在体教融合理念下，特别是那些具有体育天赋的青少年群体，只有经过长期的、大负荷的运动训练，对有机体进行生物学改造，才能接受更加严酷的竞技挑战，才能在激烈的竞技比赛中保持优势地位。现代竞技体育已经进入科学训练阶段，这是一个以广泛运用现代科技成果为特征的运动训练方式，通过先进的科学手段，可以系统地监测青少年的训练过程，同时结合大负荷的运动训练，可以明显提高训练效果。

研究表明，运动负荷和体能训练是提升各项身体机能的根本动力。但需要注意的是，负荷并不是可以无限增加上去的，当负荷强度超过了机能最大承受能力，不仅不会增强机能，反而会带来劣变反应。

## （四）是掌握复杂技术的准备

体能训练是为掌握复杂先进的运动技战术而做的必要准备。实际上，青少年的机体各器官、系统的功能只有在协调发展的基础上，才能发挥出更好的状态，才有能力去挑战更高、更难的技术动作。因此，体能训练是青少年发展专项水平的必经之路，是具有完备的专项竞技运动能力的必然过程。

## （五）是创造优异成绩的前提

一般来说，影响和决定青少年运动水平的几大因素可大体上概括为体能、技能和心理能力。没有体能，技战术都会成为无源之水，心理能力无从谈起。现在在一些竞技体育发达国家，会为青少年配备专门的体能训练教练，可见体能训练对青少年的重要性，高水平的体能基础几乎是创造优异比赛成绩的基本条件。

### （六）是延长运动生涯的基础

竞技运动的魅力是青少年后备人才竞技能力的展现，同时，这也意味着青少年常常承受着超载的训练量才能获得如此傲人的成绩。不可避免地，竞技体育对运动员的淘汰是相当残忍的，在英才辈出、高手如云的竞技领域，有许多优秀的青少年过早地被淘汰掉，他们甚至还没有来得及完全地绽放，就匆匆地结束了自己的运动生涯，令人扼腕叹息。有数据显示，强大的运动水平是建立在有机体形态改变、机能水平高度发展的基础上的。换言之，体能训练对于青少年具有决定性的意义，只有具备了体能基础，青少年运动员的专项技战术能力才能保持更长时间，运动水平衰退速度也会变慢，青少年就能较长时间地保持高水平的竞技运动能力，即延长其运动寿命。

若竞技后备人才在初期训练中，他们的体能没有得到最大限度的发展，机体能力的保持时间就会明显缩短，相应的运动生命的衰退也会加速，这无疑是对优秀的后备人才的最大浪费。我国有很多青少年及早结束了运动生涯，在很大程度上正是基于此原因。

## 第三节　青少年体能训练的现状与发展建议

我国青少年体能训练可以从几个不同的群体进行分析，但主要的还是以普通院校、体育专业院校以及社会青少年群体的自由训练几个类型。他们的体能训练现状和未来发展具有不同的特点，本节将针对普通院校以及青少年竞技体育后备人才的体能训练情况展开分析。

# 一、青少年体能训练的现状

## （一）整体观念较为模糊

整体而言，我国的青少年体能训练还缺乏系统的、清晰的认识。大多数人对体能训练的认识较为片面，以为只是发展青少年的力量、速度、耐力等体能素质即可。然而对体能训练的总体目标、阶段训练任务以及各个体能素质之间的影响和制约等，还缺乏整体的规划，表现为对体能训练的意识还有待提高。

过于注重某个手段或者单节训练课的效果，可能会影响青少年的发展。因此，无论是单项训练、负荷、周期，还是营养、恢复，都需要有整体的全局考虑，然后进行有机的、有针对性的组合安排，才能真正提高体能、增强运动技能。

## （二）方法手段相对单一

由于社会、经济等原因，我国的青少年体能训练在很多地区还表现为方法较为保守，甚至较为落后。而科学、合理的训练方法是获得良好训练效果的前提保障。在具体的实践工作中，由于体能教练在我国还是比较稀缺的人才，因此基本上都是由专项教练兼任体能教练，这从根本上限制了我国青少年体能训练的顺利发展。比如，由于各个教练是从专项技能的需要展开体能训练的，而不是根据青少年的机体发展规律进行训练设计。不少人往往更重视微观层面的手段，而轻视宏观层面的控制，把训练手段作为训练的全部内容，结果在很大程度上影响了训练效果。

当前我国整体的有关体能训练的方法和手段还非常笼统，难以做到细致的、针对性极强的目标拆解和训练，不仅缺乏理论支持，有效的实践训练经验也较为匮乏。这种笼统的训练方法，很难使有不同体育天赋的青少年得到科学的训练和发展，他们的天赋很可能由于缺乏及时的发展而被耽误和荒废了。

### （三）大负荷依然难以避免

没有负荷的训练等于没有训练，但是过大的负荷又有诸多弊端。在这二者之间需要很强的科研理论和大量的实践数据，以及经验丰富的教练员进行设计与甄别，找到最合适的训练方案。但是我国的体能训练有很多年都是在盲目追求大负荷的意识下进行的。在严谨的科学数据面前，依赖大负荷仍然是难以摆脱的现状。“疲劳战”的传统很难在短时间内一下子改变，这需要所有的体育从业者的共同努力，也许需要一代甚至几代人去彻底改变。

### （四）缺乏明确的训练目标

缺乏明确的目标就无从谈起有效的体能训练。在我国竞技体育中，还存在很多的体能训练没有明确的目标和检验制度的情况。我们可能有体能测试，但是欠缺对测试结果的严谨分析，这一方面是由于我们的经验和水平所限，而更主要的还是在意识层面对评估缺乏正确的理解和认识。没有评估体能训练计划的有效性，又何谈明确的目标？所以，长期以来我们的训练目标依然处于模糊不清、含糊不具体的情况。比如，阶段性训练目标含糊不具体，经过一段时期的体能训练后也没有对比测试的依据，这种情况应该得到广大教练和青少年的重视。

## 二、青少年体能训练的发展建议

### （一）从教育体制上加强重视

我国的教育体制决定了应试教育短期内不可能发生根本性的转变，长期来看，这成为制约青少年群体进行全面体能训练的主要障碍。因此，在体教融合理念下，必须在教育体制上得到明确的支持，让青少年从繁重的、重复的应试教育中解脱出来，使其身心得到均衡的发展。比如，学校应强调对青少年体质与体能水平的要求，培养人才不应该仅仅对语数外下功夫，必须将体育教学、体能素质发展等放在同等的位置上。将体育学科从边缘学科转变为主要学科，从全社会到学校、到家庭都要重视体育教育，只有这样才能从根本上改变局面。

### （二）发挥社会和家庭的影响力

只有在社会上引起广泛的重视，让每一个家庭都重视青少年的体育锻炼，提升他们的身体素质和运动素养，发挥出积极的影响力，这才是加强青少年体能训练的前提条件。

青少年的身体健康与家庭环境关系密切，从家庭结构、家庭文化以及家庭成员的体育素质水平、文化观念等，都是影响青少年进行体能训练的重要因素。此外，家长首先应转变观念，对青少年体育发展的重视应该和对其文化成绩的重视相当，鼓励青少年报各种体育兴趣班，发展他们的运动潜能，丰富他们的课余生活，使青少年得到全面的发展，鼓励他们自发地想要变得强壮，想要掌握一门或者多门运动技能等。

### （三）丰富体能训练的手段方法

理论研究的不足必然影响训练手段的发展，我国的体能训练起步和发展都较晚，之前已经形成的惯性也很难一时改变。体能训练是一门科学，需要时间积累，需要科研投入，需要大量的数据作为研究样本，在此基础上才有可能发展和设计出科学有效的、具有极高的针对性的训练方法和手段。这是一个整体的、系统的工程，环环相扣，互相促进和制约，只有经过全面的发展，才能有局部的进步，才能从根本上改变训练手段单一的问题。

# 第四节 体教融合理念下体能训练走进学校体育课的发展思路

## 一、体教融合理念下发展学校体能训练的基本思想

### （一）整合训练理论与实践

在体教融合理念下，让体能训练走进学校体育课的首要任务，就是整合体能训练的理论与实践经验，将以往的理论研究与实践成败进行全面的分析，去除其中落后的、过时的观念与方法，摒弃一些错误的训练手段，结合国际上最新的研究成果，整理出适合中国国情、符合我国青少年群体发展体能的一套系统的方法论，以及具体、可行的训练手段。

尽管中国的竞技体育已经迈入世界强国之列，但是至今还未形成系统、完善的理论和实践体系，针对青少年的专门研究就更加匮乏，没有可根据青少年性别、年龄差异、训练需要、训练过程来制订体能发展目标、明确体能训练计划、具体的训练手段与方法、监控训练过程、评估训练效果等紧密衔接的理论研究。与此同时，这些问题与困境也为今后的发展指明了方向。

### （二）提高教练的执教水平

若想全面改善青少年的体能训练现状，必须从体育教练抓起。现代竞技体育对教练的要求极高，既要有运动科学理论知识，又要有训练实践相结合的专业体能训练实践经验。我国当前的现实情况是，有训练实践经验的教练缺乏运动科学理论的支持，而具备运动科学理论知识的学者又没有实践经验，缺乏实际运动的操作能力。教练的水平会限制和制约着青少年的发展，

这也是影响我们国家竞技体育发展的一个重要问题，体能训练是一切运动项目的基础，而教练员的水平如果长期比较落后的话，自然会制约着我国体能训练的发展。因此，加强对教练员的培养和选拔，尽快提高整体教练员的理论水平是提高我国体能训练的一个基础条件。

## 二、体教融合理念下发展学校体能训练的具体内容

### （一）优化体能诊断的力度

在具体的训练实践中，根据现代训练理论的要求，青少年在规划训练目标和选择合理的负荷之前，需要进行严格的测试与诊断，在清楚地了解青少年运动能力的前提下，有针对性地设计训练方案，并且严格跟踪实施，形成一套完整的训练过程体系。因此，在学校的体能训练中，应该从科学的体能诊断开始，为选择有针对性的训练手段、负荷、周期等做好准备，否则，后面的训练跟踪也失去了意义。

### （二）重视功能性体能训练

功能性训练是传统体能训练的有力补充，是为了克服现有体能训练的不足，特别是解决结构不合理等可能的隐患所进行的矫正性、无痛性、平衡性、稳定性训练。但是，尽管功能性训练具有强大的训练作用和功能，但是它并不能完全替代常规体能训练，对此，还需要理性对待，不能在一知半解的情况下以偏概全，正确的做法是把功能性训练融合在体能训练的体系之中。因此，在发展学校的体能训练工作中，也应重视其功能性体能训练的相关内容，让青少年在起步之初，就能够全面接触体能训练的理论和方法。

# 第五节　体教融合理念下学校体能训练课程建设路径

体教融合理念下，学校建设体能训练课必须跳出应试教育的僵化思维，应该从人才的全面成长出发，从社会的发展需要出发，打开思路，从全局着眼，不断突破和创新，从而研发出科学的有利于青少年健康成长的体能训练课程。

## 一、优化体育课程的结构

体教融合理念下，建设学校的体能训练课程，首先需要从优化课程结构开始。对当前体育课中体能训练的不合理设置进行改革，使每一节课都有适当的体能训练内容，并结合理论教学，使体能训练课自然地融于体育教学中，而非僵硬地通过增加体能课的形式来体现。

当青少年一旦培养出自己的运动兴趣，他们就会自发地开始发展体能，提升技能，使体能训练成为他们追求自我发展的一个自我目标。

## 二、使青少年体育生活化

尽管是学校的体能训练课建设，但是在体教融合理念下，要想全面提升青少年的体育认知和技能，必须让体育运动成为他们生活的一个重要组成部分。因此，在课程建设时，就要考虑如何让体育生活化，使其自然融入青少年的课余生活，这是课程设计的一个隐含目标。体育生活化的目的是要实现运动的本真价值，是促进青少年自学能力、社会交往能力等多方面成长的重要途径。

## 三、增加体育理论课

我国的体育教学普遍存在重实践轻理论的问题，而体能训练必须在科学严谨的理论支持下进行，因此在课程建设时，必须增加理论课的比重，让青少年学生对自身体能具有感性和理性的双重认知，并且能够自我指导一些简单的训练。

通过体育理论课的详细解析，帮助青少年理解做各个动作的目的所在，以及如何调整才能达到更好的效果。

## 四、加强师资队伍建设

建设和优化体能训练课程，必然离不开体育教师这一重要的因素。为了更好地实现体能教学，还需要加强对师资队伍的建设。除了对现有体育教师的深化教育之外，还要加大对高水平体能训练人才的引进。随着社会的发展，我国已经有一批有识之士去国外接受专业的体能教学和训练，一批批的体能训练人才不断地回到祖国，这些人才是学校加强体能教学的重要外部力量。因此，各个院校应该广纳人才，让人才带动本校的体能训练课程的建设和发展。

## 五、有效利用现有设施

体育场馆的缺失影响到体能训练内容的开展。由于学校的教育经费有限，在全国各地的院校中，体育场馆设施水平参差不齐，这是制约体能训练的一个客观因素。但是，尽管场地受限也不应该坐以待毙，而是积极地行动起来，在现有的条件下，设计符合学校自身水平的体能训练课程，扬长避短，截长补短，同样可以将体能训练课热烈开展起来。

因此，各个院校的体育教研室应该打开格局，发挥每个人的积极能动性，人应该创造环境、开发环境、利用环境，而不是被环境限制。通过充分发掘自身的优势，一样可以成功地建设和开展体能训练课。

### 六、合理规划训练难度

在设计学校体能训练课的课程内容时，对体能训练难易程度的把握是其中的重难点。在课程设计之初，要对青少年的身体发育规律具有充分的认识，明确他们的体能水平区间，从而掌握好体能训练难易程度，科学设计体能训练的方案和计划。

## 第六节　体教融合理念下青少年体育后备人才的科学培养

### 一、全面提升青少年的运动素质

青少年良好的运动素质如力量、速度、柔韧、耐力、灵敏以及协调能力等是其在比赛场上充分发挥运动潜力、完成技战术任务以及创造优异成绩的基础与前提。青少年运动素质的发展水平一方面受先天遗传因素的影响，但很大程度上是由后天的训练所决定的，体能训练是青少年全面提升与综合发展运动素质的重要手段。

青少年通过系统而全面的体能训练，能够增强肌肉力量与肌肉耐力，提升爆发力，加快速度，改善耐力，提高身体柔韧性，并使灵敏性、协调性等综合素质也得到有效改善，最终促进一般身体素质和专项运动素质的全面发展，从而为在比赛中最大限度地发挥竞技实力和取得比赛胜利提供坚实的基础保障。

## 二、以专业比赛标准进行训练

体能训练中，循序渐进地安排运动强度与练习量，促进青少年体能的不断发展，最终达到一定的高度，满足技能训练和参加高水平比赛的需要，为在训练和比赛中充分发挥所掌握的技战术、提高运动表现力以及争取优异的比赛成绩、实现新的突破、创造新的纪录提供基础保障。

现代运动训练紧跟奥运会的脚步不断发展，从奥运会开始举办至今，运动训练的发展已经达到了很高的水平。在漫长的奥运史上，运动训练经历了多个发展阶段，主要可以概括为自然发展阶段、先进技术应用阶段、大运动量阶段以及多学科综合运用于训练中的科学训练阶段，而且运动训练也逐渐彰显出高强度、高速度、高密度和大运动量等特征。运动训练的新发展对青少年体能的要求很高，只有通过体能训练，奠定良好的体能基础，才能使青少年不断满足运动训练的发展需要，满足高水平比赛的专项需要，进而提高运动训练成果和比赛成绩。

## 三、为掌握复杂技战术奠定基础

青少年在技战术训练和竞技体育比赛中完成每个技战术任务都要以良好的体能为基础支撑。青少年对复杂技战术的学习、掌握及运用都要建立在体能良好的基础上。如果缺乏良好的体能素质，青少年在学习和掌握复杂技战术时就会感到吃力，在比赛中也无法将所学技战术最大限度地发挥出来，最终影响比赛成绩。

青少年从事体能训练的过程，也是协调发展机体各个器官系统功能的过程，身体各器官系统的协同发展是提升青少年专项竞技运动能力的基础，是青少年完成每个技术动作的基本保证。技战术越难，对青少年体能的要求越高，所以只有通过体能训练不断提高体能水平，发展专项体能素质，才能更好地掌握复杂的技战术。

青少年储备越多的基础动作技能，就越有助于对特定动作技能的学习与掌握，这是技能迁移原理的基本观点。青少年在体能训练过程中要完成大量的身体练习动作，重复各种身体动作是体能训练的基本形式，熟练掌握这些身体练习动作能够使青少年学习复杂的专项技术时轻松一些，有助于提高青少年对复杂技术的学习与掌握效率及练习效果，促进青少年专项技术能力的发展。

随着竞技体育的不断发展和比赛水平的不断提升，战术的高强度性、灵活多变性、复杂性等特征越来越明显，要完成复杂的战术行动就需要具备良好的身体素质，通过专门的体能训练或将体能训练融入战术训练中，能够使青少年的体能素质达到完成高难度战术任务对青少年体能的专项要求，同时，体能训练的安排要结合战术任务和战术要求而定，不能盲目训练，只有“对症下药”，才能满足战术的特殊要求。

## 四、提升后备人才的心理素质

体能训练在促进青少年身体健康水平、运动素质提升的同时，还能帮助青少年塑造健康优良的心理素质，并使青少年拥有满足专项需要的心理素质。体能训练的效果不是短时间就能看见的，需要青少年长期坚持不断地进行训练，而且训练负荷也会不断增加，所以说这个过程非常艰苦，对青少年的意志品质、精神品质以及其他心理素质都提出了很高的要求，但是在艰苦的训练中也能塑造与培养青少年的这些优良心理与精神品质。

青少年参加训练和比赛都需要有良好的心理稳定性，而良好的体能是保持心理稳定性的基础与前提，青少年若体能良好，精力旺盛，疲劳不明显，便能以高度的自信心和充实感参与训练和完成比赛，以良好的心理稳定性坚持完成训练任务，坚持到比赛胜利。

## 五、延长竞技青少年的运动生命

青少年的竞技能力代表了其比赛能力，要想在比赛成绩上获得突破，就要拥有良好的竞技能力，而竞技能力是包括体能在内的综合能力，具体包括体能、技战术、心理及智能，其中体能是基础，其他能力的发展都要以良好的体能为基础，通过体能训练提升体能水平，进而为发展其他竞技能力奠定基础，最终在良好体能的保障下全面提升运动技能和心智能水平，提升综合竞技能力，提升有机体参加训练和比赛的生命力和活力，延长运动寿命。

青少年的基础体能越扎实，专项体能素质越强，就越有利于使竞技能力达到最佳水平，并延长保持最佳竞技状态的时间，进而使运动寿命、辉煌期更加持久。

### （一）与比赛体能要求同步

我们的体能训练中缺乏将多种体能训练方式整合、按照比赛的模式有机结合的训练方法。虽然我们常说“比赛是最好的训练”，却并没有真正理解这句话的含义，更没有将它运用到实践中去。所有的训练都是以提高运动能力、赢得比赛为目标，那么，在体能训练中也应该明确这一点，特别是集体性运动项目的体能训练，做到以比赛要求进行体能训练，才是最理想的训练。

### （二）深入结合专项需要

现代竞技体育的发展已经非常成熟，在这样的背景下，体能训练必须与专项结合，才能获得更好的训练效果和价值。以往过分强调单一素质的理念和方法已经过时了，其弊端就是在跨越了低级水平之后，很难再有突出的进展，从根本上限制了青少年运动潜能的开发，甚至给青少年造成运动伤害。

因此，为了延长青少年体育后备人才的运动生命，尤其需要进行科学体能训练，使青少年的体能水平得到良好的发展，使其运动天赋充分开发，从而有机会为国家的竞技体育事业发展做出贡献，并实现个人的人生价值。当然，要真正做到，还需要时间的积累和大量科研专家的积极投入。

### （三）个性进行体能训练

每一个青少年体育后备运动员都是独一无二的体育人才，这不仅仅体现在他们表现突出的某项运动素质上，在进行体能训练时也会有明显的体现。因此，为了有效发展和延长青少年体育后备人才的运动生命，必须进行个性化的体能训练。

参加同一个比赛的同一个项目的青少年运动员，其体能训练也不应该是完全一致的，应根据每个人的体能情况进行个别训练。甚至在不同的训练时期，同一个青少年的体能训练计划也不是相同的，这就是个性化体能训练的体现。

# 第二章　青少年体能特征与训练计划设计

和成人相比，青少年的体能训练必须遵循他们的身体发育规律。根据科学研究，青少年的生长发育基本上呈现为S形曲线。在进行体能训练计划的设计时，这条曲线是指导教练进行科学训练的一个重要因素。本章将从青少年生长发育的特征、青少年身体素质发展的特点和敏感期、基于青少年身体素质特点确定体能训练原则、青少年体能测试理论与操作方法、青少年体能健身训练计划设计，以及青少年运动员体能训练计划设计等几个方面展开阐述。

# 第一节　青少年生长发育的特征

人体的生物特性决定了其内在、稳定的发展规律。尤其是青少年群体，他们的身体一直处于发育的过程中，在不同的发展时期具有不同的特点，在进行体能训练时，务必要遵循青少年的身体发育规律，才能更好地发挥他们的体育运动天赋，同时又不会造成不必要的健康损害。

## 一、青少年生长发育曲线图

经过科学家的大量研究，发现青少年的生长具有某种共性的规律，解剖学专家理查德（Richard）在前人研究的基础上，同时又进行了深入的研究，并据此绘制出一个模拟青少年生长发育的曲线图（图2-1）。

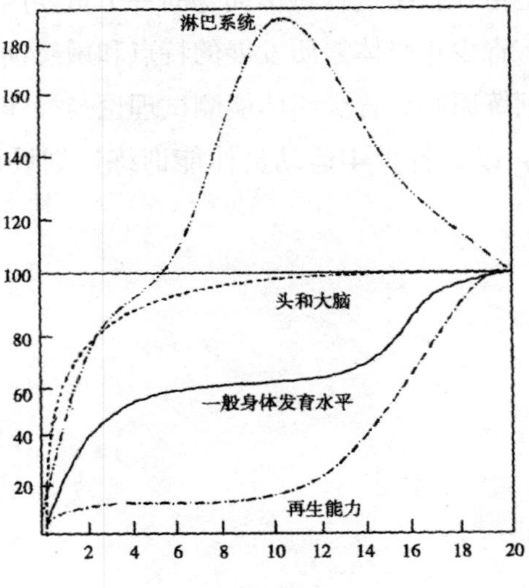


图2-1　青少年生长发育曲线[①]

① 曲宗湖.青少年学生形体教育[M].北京：人民体育出版社，2002.

该曲线图将青少年的身体发育分为头和大脑、身体与淋巴系统三个方面。其中，与运动训练具有密切关系的是其身体发育的曲线，从图2-1中不难看出，青少年的身体发育大致呈现为S形曲线。

青少年身体发育水平曲线十分直观地反映出其体重、骨骼、消化系统、心肺功能等重要身体指标的变化趋势和规律。这一规律符合绝大多数健康青少年群体的发育特征，因此在体能训练中，具有较强的指导作用。

简单来说，青少年群体的生长发育曲线揭示出他们存在两个快速发育期。大脑和神经系统的发育主要在7岁以前，神经系统的发育在5—6岁时达到了成人的90%，12—13岁之后，逐渐进入缓慢发展期。

## 二、青少年身高和体重的发育特征

对于青少年运动员而言，他们的身高或者身材比例往往很早就表现出明显的优势。比如，具有游泳天赋的青少年往往身高明显高于同龄人，而且手掌和脚掌也较宽大，这为他们在水中划水和克服阻力带来优势。而一些青少年跳高运动员则身材瘦削，腿部修长。另外，性别在青少年身高和体重生长发育的过程中，也具有明显的差异。其差异规律可以分别从图2-2和图2-3中得到直观的显示。

通常情况下，性别在身高和体重发育过程中的影响是从10左右开始的。10岁之前，男子和女子的身高与体重发育速度基本上是相似的，没有明显的差别，增长的速度也基本一致。但是从10岁之后，女子的身高、体重进入了快速增长期，此时的女子明显发育要快于男子，她们长得快，而此时的男孩子对此还浑然不知。这也是人们常说的男孩发育慢于女孩的主要原因。

大约从13岁左右开始，男子的身体发育进入快速增长期。而且一般而言，男子一旦开始快速发育，他们的速度也要快于女子，只用了不到一年的时间，男子在14岁时其平均身高一般都要高于同龄的女子。而此时的女子由于逐渐进入生理期，她们在身高方面的发育逐渐减缓，之后一般还会有5厘米至7厘米的空间，而男子身高的生长会一直持续到20岁。

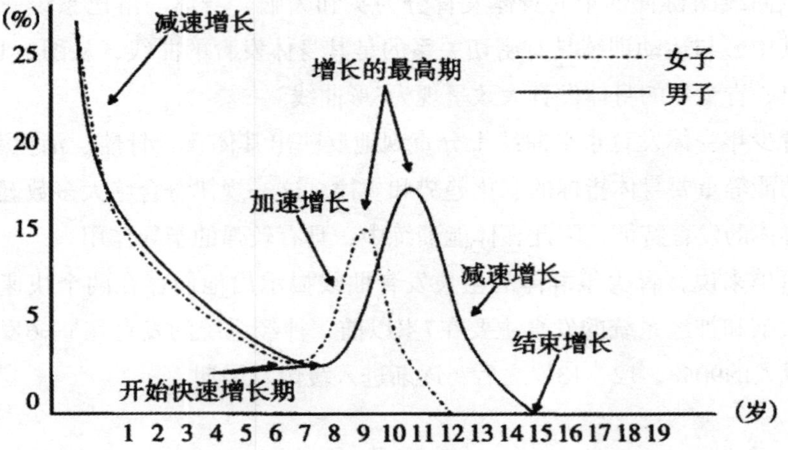


图2-2　青少年身高增长①

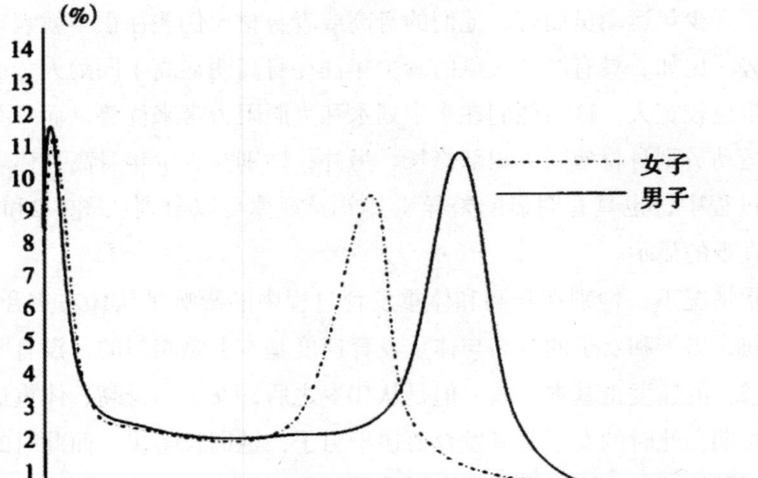


图2-3　青少年体重增长②

① 刘丹，赵刚.青少年足球训练纲要与教法指导[M].北京：人民体育出版社，2011.

② 刘丹，赵刚.青少年足球训练纲要与教法指导[M].北京：人民体育出版社，2011.

## 三、青少年骨骼和肌肉的发育特征

### （一）骨骼

骨骼、肌肉的发育并非同步进行的，在青少年的发育过程中尤其明显。一般而言，青少年的骨骼要明显早于肌肉的发育。其中一个比较明显的标志是骺软骨的发育情况。当骺软骨的增殖速度减缓，骨骼长度固定，即青少年的骨骼发育基本结束。

青少年骨骼不仅在长度方面快速增长，同时其维度也在逐渐增加，即骨骼随着生长越来越粗壮，这是骨质外层钙盐不断沉积的结果。在青少年骨骼生长发育阶段，加强营养补充十分重要，每日摄入足够的蛋白质、钙和其他微量元素，保证骨骼的正常生长需要。如果此时营养不足，特别是缺钙的话，或者发生甲状腺分泌不足等内分泌腺疾病，那就会直接影响骨骼的生长，造成青少年身高发育不充分，也会导致其后来无法正常生长发育。

因此，青少年在身体发育期间的饮食和营养非常关键，对于青少年运动员而言则更是如此，因为他们的日常训练量大，身体对营养的需求也更多，在科学的体能训练的刺激下，青少年运动员的身体潜能得到一再地拓展，这对他们未来的运动生涯将产生决定性的影响。那么，为了获得理想的结果，就一定要注意营养的补充，保持积极乐观的生活态度，同时保证充足的睡眠，从而使青少年运动员的骨骼发育达到最佳水平。

### （二）肌肉

1.肌肉发育特征

和成年人相比，青少年的肌肉具有纤细且含有较多水分的特点。该阶段身体的主要发育重点似乎集中在骨骼的长度增长方面，相对地，肌肉的生长主要表现为随着骨骼的生长而不断拉长。因此，青少年阶段其肌肉都比较纤细。由于此时身体在快速长高，水分起到了重要的作用，青少年的肌肉成分中水分含量较高，而其他营养素含量较少，这使肌肉具有良好的弹性和柔软度，但是由于缺乏其他营养素的关系，青少年的肌肉在力量方面表现不足，其中耐力则更差，这是因为青少年肌肉中储备的糖原等能源物质较少，而且运输营养的毛细血管也不够发达，因此导致他们的肌肉耐力水平不高，在运动和训练中很容易疲劳。青少年这一阶段的肌肉主要是纵向增长，肌纤维细长，缺乏力量，但优点是青少年的疲劳消除和肌肉恢复速度很快，只要好好地睡一晚就能再次变得精力充沛、活力十足。

2.肌肉发育规律

（1）肌肉重量发育的规律

随着青少年的整体发育，其肌肉重量在不断增加，所占身体总体重的比例越来越高，其变化情况见表2–1所示。

表2–1　青少年肌肉发育规律①

| 年龄（岁） | 肌肉重量占比（%） |
| --- | --- |
| 新生儿 | 25.0 |
| 8 | 27.2 |
| 12 | 29.4 |
| 15 | 32.6 |
| 18 | 44.2 |
| ＞18 | 45.0 |

从表2–1可以发现，青少年从8岁开始肌肉的增长逐渐增快，在15—18岁之间是增速快速期，大约在18岁左右，其肌肉发育水平基本上完成，力量和耐力等素质水平已经与成人无异。

（2）肌肉生长速度滞后于骨骼

青少年的骨骼发育领先于肌肉的发育，在骨骼的快速生长期，肌肉更多的是纵向增长，当骨骼的增长速度变慢之后，肌肉才逐渐横向生长，并逐渐变得强壮。当然，最终肌肉的发育情况还与青少年的体育运动情况密切相关。有运动习惯、长期进行自己喜欢的运动项目的普通青少年，和青少年运

① 曲宗湖.青少年学生形体教育[M].北京：人民体育出版社，2002.

动员的肌肉发育水平明显高于缺乏运动的同龄人。

（3）肌肉生长发育不均衡

除了群体间和生长阶段的区别之外，青少年个体的肌肉生长发育也存在差异。因此，青少年的体能训练中不过分强调动作的协调性和精细化，这是遵循人体发育客观规律的必然要求，随着年龄的增长，大肌群的发育逐渐完善，在适当的刺激和训练下，机体各部位的小肌群也逐渐迎来全面的发展。此后，青少年的动作协调性逐渐增强，且在完成精细动作方面也越来越好。

## 四、青少年神经系统的发育特征

### （一）发育较早

人体的神经系统从胚胎时期就开始发育了，因此可以说是人体发育最早的系统之一。出生后，人体的神经系统发育也比其他系统要早一些。神经系统的发育情况不仅决定着人体各个器官和组织的健康水平，而且对人体的智商发育、运动能力等具有非常重要的影响。从另一个角度来说，在发展青少年体能素质的时候，不能绕过对神经系统的认识和了解。

人体大脑的初期发育速度惊人，在大约6岁时就达到成年大脑重量的90%，12岁时已经接近成人。除了重量这一重要的衡量因素以外，大脑皮层的内部结构和机能等也在不断完善。根据人体的这一发展特点，在进行青少年体能训练时，可以重点训练对神经系统要求较高的运动项目，尤其是发展他们的灵敏素质和速度素质，以发挥他们身体灵活的优势。

### （二）兴奋与抑制过程发展不均衡

人体神经系统的一个发育特征是兴奋与抑制的过程发展不均衡。比较突出的表现是，当婴儿出生初期，他们在大多数时间里都在睡觉，尤其是出生后的前三个月，这是因为此时他们的大脑皮层以抑制过程为主。在6—13岁时期，其大脑皮层以兴奋过程占主导。此时的儿童普遍表现为好动、精力充沛，经常闯祸。实际上是旺盛的神经系统的兴奋过程在幕后主导，同时，也因为儿童对自身的行为欠缺约束力。于是，此时的儿童总是异常欢脱，充满生命力，但偶尔也会给家长制造一些麻烦。

因此，在6—13岁时，对青少年运动员的训练反而能够帮助他们消耗过剩的精力，而且青少年的疲劳恢复时间较短，只要进行科学的训练安排，那么此时就会得到很好的训练效果。

### （三）脑细胞易疲劳

青少年儿童神经细胞的另一个特点是比较容易疲劳。这主要是由于他们的大脑反应能力较强导致的。

## 第二节　青少年身体素质发展的特点与敏感期

青少年各项身体素质的发展并不是均衡进行的，它们呈现出一种特定的先后顺序，即在不同的阶段会对某一素质发展较为敏感。抓住青少年的这一特性，将有助于更有针对性地开展体能训练。

### 一、力量素质的发展特点及敏感期

青少年力量素质的发展会明显受到年龄因素和性别因素的影响。在肌肉的快速增长期，是青少年发展力量素质的最佳时期。由于男子和女子的肌肉快速增长的开始时期以及周期长度都不尽相同，因此要分别进行研究。

就目前的研究情况来看，一种观点认为，女子发展上肢力量素质和腰腹力量素质的敏感期出现在10—11岁之间，下肢力量的敏感期为8—10岁。上肢力量的敏感期为12—13岁，腰腹力量的敏感期为13—14岁，下肢力量的敏感期为11—13岁。也就是说，女子的力量发展敏感期要早于男子。

## 二、速度素质的发展特点及敏感期

人体的速度素质与神经系统的发育水平有着密切的关系。在7—11岁这一阶段，肌肉的神经反应速度非常好，因此这是发展速度素质的最佳时期。除了肌肉神经系统的影响以外，人体肌肉的生长特性也起到关键的作用。比如，处于10—13岁期间的青少年，其肌肉在骨骼上的附着点离关节较近，这一特点对提升速度素质非常有利。而到了14岁之后，肌肉的维度逐渐增加，收缩速度开始变得缓慢，发展速度的空间也变得有限。

综上所述，青少年发展速度素质的最佳年龄阶段为7—13岁期间。抓住这个黄金期，能够很好地提升青少年的速度水平。

## 三、灵敏素质的发展特点及敏感期

人体的灵敏素质是由中枢神经系统控制的，青少年儿童发展灵素素质的敏感期出现在7—12岁之间，尤其是他们的定向空间能力和节奏感非常好，因此很多跳水运动员、体操运动员、花样滑冰运动员等都是在这个年龄段开始进行专业训练的。12岁之后再发展灵敏素质的话，显然会错过发展灵敏素质的黄金阶段，效果即便有所提高，也不会太理想。

## 四、柔韧素质的发展特点及敏感期

人体的柔韧素质是由关节活动幅度的大小以及肌肉、肌腱和韧带等组织的伸展性决定的。关节的活动主要是由关节的生理结构决定，在5—10岁之间，人体的肌肉、肌腱和韧带等软组织还在发育的过程中，因此此时进行训练的话，能够显著提升关节的活动幅度，整体上柔韧性就会更强。

### 五、耐力素质的发展特点及敏感期

与其他身体素质相比，无论是有氧耐力还是无氧耐力，青少年发展耐力素质的敏感期都出现得较晚。因此，一般针对青少年的耐力素质的训练，大多都选择在16岁之后进行。

## 第三节 基于青少年身体素质特点确定体能训练原则

青少年身体发育的特点是确定其体能训练方法与内容的根本依据，也是制订训练原则的前提。基于青少年身体素质发育曲线，以及不同身体素质在不同阶段的发展需要，制订一套科学的体能训练指导原则是训练准备的重要工作内容之一，以下是针对青少年身体素质发展特点而特别制订的体能训练原则。

### 一、阶段性原则

阶段性原则是指在体能训练的过程中，要以青少年运动员的身体发育阶段为依据，根据该发展阶段的生长发育特点、发展与衰退的规律等，制订合理的体能训练计划。

表2-2列举了人体发展的几个阶段以及各个阶段呈现出来的不同特点。

表2-2　人体的不同发展阶段以及各个阶段的特点①

| 年龄 | 发展阶段 | 特点 |
| --- | --- | --- |
| 25岁之前 | 生长发育期 | 体能持续发展，且发展速度比较快 |
| 25—40岁 | 成熟期 | 体能基本停止发展，体能素质较高 |
| 40岁以后 | 衰退期 | 体能不再发展，并且逐渐走向衰退 |

## 二、区别对待原则

训练计划应该是科学合理并且机动灵活的，任何训练计划都是为训练目的和运动员服务的，因此不能本末倒置，硬性刻板地以追求一套训练计划的完成为目的。区别对待原则就是为了将训练效果最大化，分别针对不同目标和人员、不同时间和条件，有针对性、有效地组织安排相应的训练。无论是训练内容，还是训练方法、训练手段、负荷调整等都有其针对的目标和任务。特别是每个青少年的运动能力、运动基础、能力特点、性格特征等，这些都是区别对待的重要因素。以人为本，充分进行个性化训练安排也是体能训练发展的趋势。

## 三、全面性原则

全面性原则是指青少年在发展专项运动技能的基础上，也要重视各项运动素质的发展，通过体能训练促进身体形态、机能、身体素质和心理素质等运动素质全面发展，为运动技能的发展奠定基础。全面性原则主要通过以下三个方面表现出来：

（1）包括体能在内的运动素质和机体能力是运动员发展运动技能的基础条件，运动员想要促进运动技能的提高，就必须全面、协调地发展各项运动

① 罗华平.现代体能理论阐析与科学化训练研究[M].北京：中国书籍出版社，2015.

素质以及机体机能。

（2）人体器官机能之间是相互联系、相互影响的关系，也就是说，一项器官机能水平的提高有助于促进其他器官机能的发展。不同的训练方法和训练内容，能够对身体机能的发展起到不同的促进作用，也会有一定的局限性。因此，为了促进身体机能的全面发展，一定要根据需要发展的运动机能的不同，采取科学、合理的运动方法，在发展单项运动机能的同时促进身体机能的整体发展。

（3）运动素质的发展是相互影响、相互制约的。因此，在运动训练的早期阶段，必须要采取各种方式促进运动素质的全面提升。运动素质是发展运动技能的基础条件，只有拥有高水平的运动素质才能发展出高水平的运动技能。

## 四、个性化原则

个性化原则是指在制订各项训练计划时，要充分考虑运动员个人的具体情况与现实的客观条件，尊重个性化特征，制订具有个性化特点的训练内容、训练时间、训练负荷等。

个性化原则是人们进行体能训练的基本原则，只有从个人实际状况出发，制订具有针对性的体能训练计划，才能充分发掘每个人的优势，最大限度地促进每个人体能素质的提升，为发展适合个人的技、战术，提高个人运动技能奠定基础。在体能训练中贯彻个性化原则，需要以发展运动技能、提高运动专项成绩为根本目标。

## 五、自觉积极原则

体能训练的过程实际上就是人体不断克服惰性和困难、一步步适应更高的身体和心理负荷、从而促进自身体能素质提升的过程。这个过程是一个艰难、枯燥、漫长的过程，如果运动员没有坚定的信念和自觉的行为，很容易半途而废。而如果运动员能够认清自己的目标，自觉积极地朝着自己的目标前进，就能够在这个过程中体验到目标实现的成就感，获得良好的训练体验，进而为下一阶段的训练提供动力。

体能训练本质上是一系列的艰苦卓绝的挑战自身身体极限的过程，需要付出极大的努力，以及超强的毅力和信念，因此必须具备强大的内在动力和自我驱动力。自觉性原则就是对这些的保障，认识越深刻，实践起来就越坚定。

## 六、持之以恒原则

持之以恒原则是指运动员在运动训练的过程中，必须有坚定的意志，长期坚持训练，以不断提升自己的体能素质为根本目标。

体能训练是一个长期的过程，训练的成果也是长期积累而来的，只有坚持长期训练才能取得理想的训练成果。此外，体能还具有“用进废退”的特点，如果不能一直坚持训练，现有的训练成果也会不断衰退。

## 七、适宜负荷原则

训练负荷的安排要严格以训练任务、训练对象、初始水平、目标水平等要素为依据，有节奏、有计划地增加运动负荷，负荷的增加应该是随着青少年的身体适应能力的提高而提高，但是注意要在机体可承受的安全范围之内进行。无论多么重要的比赛，都不能以牺牲青少年运动员的健康为代价。教练和运动员都应该始终谨记适宜负荷原则，有节奏地保证“增加负荷、提高体能、再增加负荷、再提高体能”的良性循环，保证训练的安全有效。

## 八、恢复原则

恢复原则是指导运动员及时消除运动疲劳，并通过机体适应过程产生的超量恢复，从而提高机体能力的训练原则。长期的运动训练使运动员的身体被大量地激发调动，以及经过高强度、大负荷的挑战之后，如果机体得不到适宜的恢复将很难达到理想的训练效果。现代体能训练理论研究表明，积极恢复是保证训练效果的有效手段，恢复、营养、放松都是运动训练的重要组成部分。有时候，随着各项科学研究的不断深入，人们逐渐意识到没有良好的恢复就相当于没有训练，可以说，恢复的重要性甚至大于训练本身。

### 九、周期性原则

专业的竞技运动员在进行训练时要坚持周期性原则。对于青少年的体能训练，也应遵循这一原则进行训练。尤其是竞技体育后备人才的体能训练，要有多年训练计划，并以年度为基本周期。年度训练一般又分为三个训练时期，每个训练时期为便于有计划地训练，又以周为小的训练周期。周期训练计划的特点是周而复始、循序渐进地进行，这也符合人体的发展规律。因为人体的发展进步也是呈螺旋形发展的，经过多年训练，运动员靠年复一年、日复一日地刻苦训练，从而发展出过硬的身体素质，为日后创造优异成绩做好准备。

## 第四节　青少年体能测试理论与操作方法

青少年体能测试是体能训练之前的必要工作，本节重点介绍体能测试的理论以及具体的操作方法。

# 一、青少年体能测试的基础理论

## （一）体能测试的指标选择

选择体能测试指标需要考虑以下几个要点。

1.科学性要求

体能测试指标在采用前应反复对其进行检验，要使其能够将事物的属性充分反映出来。建立体能测试指标体系这项工作很艰巨，也很严肃，确保体系内各项指标的科学性，对测试结果的准确性有决定性影响。通常情况下，论证一项指标是一个反反复复的过程，要经过指标设计、对照效标、修改设计、再次验证、确定指标等多个阶段。在这个过程中，一定要深入分析所选择的指标，对测试指标与测试目的的关系从多个层面进行论证，从而将科学准确的指标选择出来。

2.实用性要求

进行体能测试，需要具备良好的资源条件，如财力资源、人力资源和物力资源，此外还要有良好的技术条件。例如，在运动技术指标的测试中采用三维摄像技术，能够将测试对象的技术水平准确、细致地反映出来，然而这项测试要求具备很高的技术条件和物质条件，还要求测试人员要有很高的专业水平，如果不具备这些条件，就会影响测试工作的正常进行。现阶段，因为体能测试仪器的专业标准越来越高，所以体能测试的专业程度也越来越高。体能测试的专业化不仅体现在测试仪器上，也体现在测试人员身上，测试人员需要充分发挥专业能力来完成专业测试工作。对测试指标进行选择时，要认真分析需要具备哪些条件才能顺利测试，预算应准确，要根据现有条件对可操作性强的指标进行选择，从而顺利开展测试工作。

3.独立性要求（单项指标）

体能测试指标体系的构建具有系统性、复杂性，对测试指标进行设计时，要尽可能选择能够将事物属性真实反映出来的指标，要从相关指标中对代表性最强的指标进行选择，而且选择的不同指标要能将同一事物的不同属性或不同事物的属性反映出来。注意对那些重复性指标要尽可能避开，指标体系中也不应该出现不具有很强代表性的指标。例如，在速度素质测试中对速度类指标进行选择，可选指标有10秒快速摆臂、30米跑、10秒原地高抬腿等。在这些可选指标中，如果单纯测试肌肉运动速度，那么主要选择快速摆臂、原地高抬腿这两项单纯性指标，如果在测试肌肉运动速度的同时还要测试肌肉的力量，那么主要选择30米跑这项指标。

4.完整性要求（指标体系）

体能测试指标体系是一组测试指标的集合，能够从多个角度将体能状况真实反映出来。体能发展的影响因素很多，建立完整的体能测试指标体系要尽可能将体能发展的本质规律完整体现出来。

## （二）体能评价

体能评价是对体能测试结果的价值进行判断和确定，并将某种意义赋予其中的一个过程。具体来说，就是对测试数据进行整理，以一定的标准为参照进行对比分析，从而对测试结果的价值大小进行判断和确定的过程。

体能评价和体能测试密不可分，完整的体能测试与评价流程如图2–4所示。

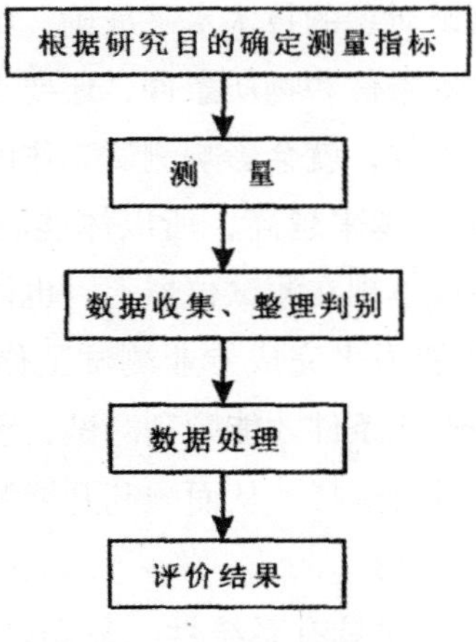


图2–4　体能测评过程①

① 史兵.体育测量评价学[M].西安：陕西人民教育出版社，2006.

1.评价类型

在体能发展中，运动现象的发生过程包括三个阶段，分别是开始阶段、进行阶段和结束阶段，根据这个过程，可以将体能评价划分为诊断评价、形成评价和综合评价三种类型。

（1）诊断评价

在体能训练前，为了了解训练对象的体能基础水平和现状而进行的评价就是诊断评价。通过评价而对训练对象的原始情况有所了解，发现其问题，清楚其优势，挖掘其潜能，从而依据诊断结果制订训练计划，提高体能训练实践的科学性和有效性，并在最后与初始水平进行对比，了解训练对象的训练效果，即体能改善与提升的效果。

（2）形成期评价

在体能训练的整个过程中都要进行形成性评价。开展体能训练工作，要先确定总体训练目标，然后根据总体目标进行单元目标分解与细化，再分阶段一步步完成每个单元目标，最终完成总体目标。只有先很好地完成各个单元目标，总目标才能在预期中成功实现，而在为实现单元目标、总目标努力的过程中，要坚持进行动态评价。以体能发展变化原理为依据，对体能训练过程中各个单元目标的达成情况进行检查，为改进后续训练工作提供可靠的依据，及时对训练内容进行调整与补充，对训练方法进行改进与完善，从而使训练过程向着预期目标而发展，为训练目标而服务。整个训练过程中都要在合适的时机展开评价工作，随时发现问题，及时处理问题。

（3）综合评价

结束一个训练周期时要进行综合评价，也就是总结性评价，即对实际训练效果进行价值判断，了解训练对象的体能变化情况，对训练计划是否科学、合理、有效做出最终判断。在训练结束后要进行全面化的综合评价，要在评价体系中纳入具有代表性和完整性的评价指标，要理清不同评价指标之间的相互关系，这对评价主体的评价能力提出了较高的要求。

上述三类评价方式是前后衔接的，分别对应事前评价、中间评价和事后评价，如图2–5所示。它们之间紧密联系、相辅相成。在体能训练中，体能评价是长期性的工作，每次评价都要建立在上一次评价的基础上，所以每一次的综合评价都能够为下一次的诊断评价提供参考，而中间的每次评价都可以理解为某个训练阶段的总结性评价，能够为最终的综合评价提供参考。因此，需要以评价目的为依据来判断评价类型，采取相应的评价方式。上述三种评价方式的评价目的和侧重点是有区别的，而且在不同阶段进行不同类型的评价也要满足不同的要求。事前评价要求要有很强的针对性，采用多元化的评价指标和方式。事中评价要达到针对性、简易性、可操作性、实用性等要求，不适合采用过于烦琐的方式。事后评价要求做到系统、全面，要采用多样化的方法进行评价。

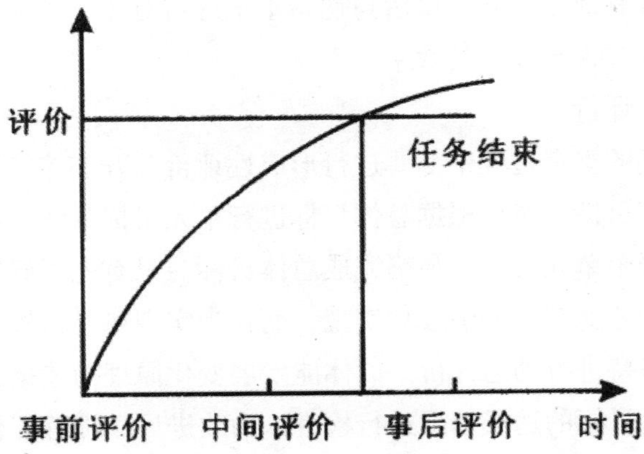


图2–5　评价基本形式①

2.评价标准

（1）常见评价标准

在体能测试与评价中，对测试对象的属性进行价值判断的尺度就是所谓的评价标准。常见的评价标准有以下几类：

①现状标准（比较标准）

现状标准是一种非常规范的评价标准，对这种评价标准进行制定，要采用标准化的测量统计方法，测量统计程序要规范，而且要借助相关的评价量

① 陈佩杰，王人卫，胡琪琛，张春华.体适能评定理论与方法[M].哈尔滨：黑龙江科学技术出版社，2005.

表。在同一个总体中进行群体之间或个体之间的比较时常常采用现状标准。参考现状标准进行比较的不同个体或群体之间具有同质性，也就是在性别、年龄、职业等方面具有相同特征。参照现状标准进行个体或群体对比，能够对个体或群体的水平及其在同一个总体中所处的地位进行客观而准确的描述，从而不仅能了解个体或群体的实际水平，还能了解其在特定环境中处于什么位置。①

需要注意的是，只有在同一个总体中进行个体之间或群体之间的对比评价才能使用比较标准，评价对象都属于同一总体，具有相同特征。例如，不同高校根据本校学生体质状况而制定的体能锻炼评价标准只适用于本校，不适合其他学校。高校不能随意借鉴其他学校的标准来评价本校学生的体能状况。

此外，参照现状标准进行评价，评价结果是相对的，而不是绝对的，如评价某名学生体能素质水平达到“优秀”，倘若本校学生整体体能素质水平不高，那么制定的标准就不高，即使是“优秀”的标准也不高，那么评价结果为“优秀”的学生可能并没有想象中那么好的体能素质，只是和其所在群体中其他学生的体能素质相比较好一些。因此，要将参照现状标准得出的评价结果放到评价对象所属的总体的实际水平中去分析。

②理想标准

一般情况下，要根据科学理论，结合预测制定理想标准。或者，可以直接依据水平较高群体的实际情况而对理想标准进行制定，如在运动素质评价中，以力量、速度等各项素质水平高的群体的实际情况为依据而完成理想标准的制定。通常理想标准应该是一般人通过努力也能达到的标准，而且应该是大部分人都能通过努力达到的标准。

③个体标准

不管是现状标准，还是理想标准，都是以群体水平为依据而设计的，所以很难将不同个体的真实情况及动态变化反映出来。再加上不同个体的体能水平有一定的差异，影响不同个体体能发展的因素也有差异，因此会对评价

① 史兵.体育测量评价学[M].西安：陕西人民教育出版社，2006.

结果的客观性和真实性造成影响。这就需要从不同个体的实际情况出发而制定个体标准。

在体能评价中，要以评价目的、评价任务为依据来选择不同的评价标准，有时也需要综合使用上述三种评价标准。对评价标准进行选用，就要了解不同评价标准各自的特征及适用范围。例如，若要在同一总体中进行个体之间或群体之间实际水平的比较，可采用现状标准（比较标准）；若要将同一个体或群体的现有水平与通过努力可能达到的水平进行比较，可采用理想标准；若要对同一个体在不同状态或时期的当下水平进行比较，则采用个体标准。

（2）制定和使用评价标准的考虑因素

制定和使用体能评价标准，需要综合考虑多方面的因素，下面具体分析应主要考虑的因素。

①样本数量

评价标准应该具有规范性，制定评价标准时，为保证标准的规范化，要基于大规模调查研究而进行制定。抽样调查是大规模调查研究中采用的主要方法，这种调查方式不可避免会出现误差，误差的大小与样本数量有关，数量越大，误差越小。因此，为了将抽样误差控制在很小的范围内，在抽样调查中要抽取较多数量的样本。但增加样本数量也会带来工作量的增加和成本的提升，因此也不能过多增加样本数量，要根据需要而控制在一定范围内。通常，对全国性评价标准进行制定时，不同性别、年龄组的样本人数应多一些；对地区性标准进行制定，样本数量比全国性标准中样本数量少，但也不能太少，一般至少200人。在评价标准的制定中若要用百分位数法，则要选择更多一些的样本数量，从而将总体水平更好地反映出来。如果评价标准与运动选材和运动训练有关，那么要根据总体数量和实际需要来确定样本数量。

②地区特点

体能素质的发展受到各种因素的影响，如先天遗传因素，后天经济、文化、环境等因素。不同地区的人因为生活环境的差异，体质与体能也有一定的差异。所以，在对体能评价标准进行制定和选用时，要将这些影响因素充分重视起来，要根据实际情况对已有评价标准进行选用，要做到具体问题具体分析，从实际出发，要选用能够将评价对象的实际水平真实反映出来的评价标准。如果选用的评价标准不适用于某地区评价对象，那么评价工作将是徒劳的，没有实质意义。

③年龄特点

年龄的增长会带来身体机能和运动素质的变化，处于生长发育阶段的青少年其体能状况随年龄增长而发生的变化更明显。不同年龄阶段的人在身体形态、身体机能、运动素质等多个方面都存在明显的不同。所以，要基于对年龄因素的考虑而对不同的标准进行制定。

根据年龄分组制定评价标准时，要清楚关于年龄分组的三种不同方法，分别是按生物年龄、日历年龄及运动年龄分组。一般要以评价目的、评价任务、评价指标的特点等为依据而决定参照哪种年龄分组方法。人生不同阶段年龄分组的情况有所不同，在少年儿童阶段，年龄分组的时间区间小，可按实际年龄而分组，如6岁组、9岁组、12岁组等。成年人年龄分组的时间跨越比较大，一般笼统分为青年组、中年组、老年组，或直接将这些组别都归入成年组。

④形态特征差异

人的运动能力与其身体形态和身体机能息息相关，所以在运动素质评价中，要考虑评价对象的身体形态差异，将因体型差异造成的影响尽可能排除掉。此外，在体能评价标准的制定中可采用身体指数法。

⑤评价标准的适用范围

不同的评价标准有其专门的使用环境，根据样本资料制定的评价标准只能运用于该样本所属总体中所有个体的评价中。对该总体以外的个体不能参照此评价标准进行价值判断。例如，从一所高校抽样制定的大学生体能评价标准只能用于这所高校学生的体能评价中。

### （三）体能测试与评价的意义

在体能训练中，教练员对训练计划进行制订与实施，首先要了解训练对象的真实体能状况，清楚训练对象的原始状态。所以，要先对训练对象进行体能测试，掌握原始数据，获得诊断信息，从测试结果中对训练对象的基础体能素质、个体差异、运动潜能等情况有全面的把握，从而更有目的性地制订训练计划。

在体能训练计划的实施过程中，应将形成性评价贯穿其中，在各个训练阶段都要进行体能测评，从而对训练对象的体能变化情况及训练中存在的问题有所认识，以便根据实际情况及时调整训练计划，补充训练内容，完善训练方案，提高训练效率和质量。在各个阶段进行体能测试与评价时，要善于总结经验教训，避免下一个训练阶段出现之前出现过的问题，对于新发生的问题要及时纠正，不要拖到最后。要善于从反馈信息入手并对训练方案进行修订，加强对训练计划实施过程的监控和管理，从而保障训练的顺利进行和最后的训练成效。

## 二、青少年体能测试的操作方法

### （一）力量测试

1.肩臂力量测试

（1）测试工具

弹簧秤、磅秤。

（2）测试方法

受试者两脚开立，重心置于两脚上。对握杠高度进行调节，使杠上缘与受试者的肚脐保持同一高度。受试者两手握杠，手臂尽最大的力向下压。不能屈体，两脚始终在地面。测2次，将读数（千克）记录下来。

2.腰腹肌力量测试

（1）测试工具

杠铃。

（2）测试方法

①从受试者的实际情况和测试需要出发对重量适宜的杠铃片进行选择。

②受试者仰卧，将杠铃片置于其颈部下，受试者双手将杠铃片紧握住，膝关节弯曲至大小腿垂直，腹部发力从仰卧变为坐姿。将负荷记录下来。

③增加杠铃片重量（增加负荷），再次测量，记录负荷。反复如此，直至受试者无法顺利完成测试动作。

④受试者腰腹肌力=最大记录值÷体重。

3.综合测试

要综合评价受试者的肌肉力量，需将能够反映不同部位肌肉力量的测试指标整合起来进行综合测试。这项综合测试包含6个动作，分别反映身体不同部位的肌肉力量，这6个动作分别是直腿仰卧起坐（检查腰、腹肌力量）、屈腿仰卧起坐（检查腹肌力）、仰卧举腿（检查腰肌与下腹肌力）、俯卧背伸（检查上背肌力量）、俯卧举腿（检查下背肌力量）、立位体前屈（检查背肌与腓肠肌伸展性）。在个体评价中，只要一个动作不合格，最终成绩不合格。

### （二）速度测试

1.位移速度测量

常采用的测量方法是短时间快跑和短距离快跑，前者如4秒跑、6秒跑，后者如50米跑、100米跑等。

2.动作速度测量

采用两手快速敲击方法进行测试，操作如下。

（1）测试工具

金属敲击棒、动作频率计数器。

（2）测试方法

①将金属触板调到适宜高度。

②受试者左手和右手分别拿一根金属棒，两手食指分别将两根金属棒的前端按着，避免棒杆弹动的现象发生。

③受试者听口令两手快速敲击（同时敲击或交替敲击）。

④到规定时间后将计数器上的数值记录下来。

测3次，取最好的成绩。

3.反应速度测试

采用简易足反应尺的方法进行测试。

（1）测试工具

反应尺。

（2）测试方法

①在与墙面相距2.5厘米的位置放一张桌子，受试者坐在桌上，右腿置于桌面，足跟与墙的距离为5厘米，前脚掌与墙的距离同桌子与墙的距离。

②受试者大脚趾上缘与尺子零端保持平齐，尺身与墙贴紧。受试者目视尺身，测试者松手，尺子下落，受试者快速将尺子压在墙上防止继续下落。

③将大脚趾上缘的读数记录下来。

④重复测20次，将任意10次的成绩相加，用总和除以10，得出平均值，即为最后成绩。

## （三）耐力测试

1.定量计时测试

对一般耐力进行测试时，定量计时测试方法有800米/1000米/1500米/3000米跑等，对速度耐力进行测试时，采用400米跑这项指标。

2.定时计量测试

对一般耐力进行测试时，定时计量测试方法有6分钟/9分钟/12分钟/15分钟跑等。对力量耐力进行测试时，采用1分钟仰卧起坐这一测试方法。

3.极限式测评

俯卧撑、极限立卧撑、极限仰卧起坐、屈臂悬垂、引体向上等都是对耐力素质进行测试的极限式方法。下面仅分析极限立卧撑的测试方法。

（1）场地器材

平地。

（2）测试方法

受试者两脚并立，屈膝，重心降低成蹲撑姿势，两脚同时向后撤使两腿伸直成俯撑姿势，再屈膝回到蹲撑姿势，然后起身直立还原。反复如此，直至不能再继续。对标准动作次数进行记录。

如果动作不标准，则不计入成绩，不管是蹲撑姿势、俯撑姿势还是动作变化等都必须准确无误。

## （四）柔韧性测试

1.肩关节柔韧性测试——转肩

（1）测量工具

长皮尺。

（2）测量方法

受试者自然站立，测量其肩宽。受试者双手握皮尺向上抬，经过头顶绕到身体后侧，再从体后绕到体前。记录两虎口之间的距离。共测3次，取最好成绩。

（3）评价

测试成绩=握距成绩-肩宽，差值越小，说明肩关节柔韧性越好。

2.脊柱柔韧性测试——后屈体造桥

（1）测量工具

测量尺。

（2）测量方法

先测量受试者肚脐离地面的距离（脐高）。受试者仰卧，两手分开，双手呈反掌置于颈部两侧，两脚分开，屈膝。四肢同时用力将身体支撑起，身体呈桥状，撑至最高点时，测量背弓内侧最高点与地面的距离（桥高），记录结果。测2次，取最佳成绩。

（3）评价

桥高与脐高越接近，说明脊柱柔韧性越好。

需要注意的是，单一的柔韧测试指标和方法很难将整个身体的柔韧性反映出来。所以，有关专家通过关节活动范围和幅度对身体各部位的柔韧性进行量化，量化单位为度数（°）。传统量角器、液体量角器、重力量角器、电子量角器等是直接测量关节活动范围和幅度的主要仪器。通过观察、测量关节活动范围能够了解人的柔韧性，因此采用相应的仪器进行直接测试也是评价受试者身体各部位柔韧性的一个重要方式，可用于评价人体颈部、肩部、躯干、髋部及四肢的柔韧性。采用直接测试方法时，要对合适的量角器进行选择，严格按照正确的方法进行规范测量操作，从而对身体解剖学关节的活动范围有一定的了解。身体各关节活动幅度的正常值见表2-3。测量方法不同，得出的关节活动幅度值也不同，要参考正常值来评价人的柔韧性。

表2-3　身体关节活动范围[①]

| | | | |
|---|---|---|---|
| 躯干关节正常活动幅度 | 颈部 | 屈 | 0°～60°/70° |
| | | 伸 | 0°～35°/45° |
| | | 侧屈 | 0°～45°/55° |
| | | 旋转 | 0°～80°/90° |
| | 脊柱 | 屈 | 0°～80°/90° |
| | | 伸 | 0°～30°/35° |
| | | 侧屈 | 0°～35°/45° |
| | | 体转 | 0°～24°/30° |
| 上肢关节正常活动幅度 | 肩 | 屈 | 0°～160°/180° |
| | | 伸 | 0°～35°/45° |
| | | 内收 | 0°～170°/180° |
| | | 外展 | 0°～80°/90° |
| | | 内旋 | 0°～80°/90° |
| | | 外旋 | 0°～80°/90° |
| | 肘 | 屈 | 0°～80°/90° |
| | | 伸 | 0°～5°/15° |
| | 前臂 | 内旋 | 0°～80°/90° |
| | | 外旋 | 0°～90°/90° |
| | 腕 | 屈 | 0°～80°/90° |
| | | 伸 | 0°～60°/70° |
| | | 内收 | 0°～35°/45°(尺侧) |
| | | 外展 | 0°～15°/20°(桡侧) |

① 张全成，陆雯.高级体适能与运动处方[M].北京：国防工业出版社，2013.

续表

| | | | |
|---|---|---|---|
| 下肢关节正常活动幅度 | 髋 | 屈 | 0° ~ 120°/125° |
| | | 伸 | 0° ~ 5°/10° |
| | | 内收 | 0° ~ 5°/10° |
| | | 外展 | 0° ~ 35°/45° |
| | | 内旋 | 0° ~ 35°/45° |
| | | 外旋 | 0° ~ 35°/45° |
| | 膝 | 屈 | 0° ~ 130°/140° |
| | | 伸 | 0° ~ 10° |
| | 踝 | 屈 | 0° ~ 35°/45° |
| | | 伸 | 0° ~ 15°/20° |
| | | 内翻 | 0° ~ 35°/45° |
| | | 外翻 | 0° ~ 15°/20° |

## （五）协调性测试

1.双手动作协调性

（1）测试工具

双手调节器，计时器，花纹图案板。

（2）测试方法

①把双手调节器上的笔尖调到花纹图案一端，以此为起点。

②受试者双手将调节器的摇柄握住，听口令使调节器上的笔尖在花纹图案上从一端向另一端快速移动。若指针在移动过程中发生偏移，与两边金属片碰撞，此时指示灯闪烁，这表示失误。

③出现失误后返回重新开始，对失误的次数进行记录。

测3次，取平均值。

2.手脚动作协调性

（1）测试工具

秒表、4块木板。

（2）测试方法

①桌上和地上各放两块木板，桌上的木板间隔30厘米，地上的木板间隔同样的距离。

②受试者面对桌子坐立，双手和双脚分别与四块木板靠近。

③受试者听口令按“左手—右脚—右手—左脚”的顺序快速反复触碰木板，时间为1分钟。用手触碰木板时主要是用食指部位，用脚触碰木板时主要是用脚掌部位。

④分别记录正确的动作和错误的动作。

测完一次后，间歇1分钟后再测一次，共测3次。对比每次测试中受试者失误的次数是否减少。

在第二次和第三次测试中，测试人员让受试者在按顺序触碰木板的同时把顺序读出来，边读边触碰，通过语言刺激来增加测试难度。

3.全身动作协调性

（1）测试工具

厚纸板、饮料罐、桌椅、秒表等。

（2）测试方法

①在厚纸板中间画一条线，将纸板分成两个面积相同的区域，在厚纸板上画六个面积相同的圆形，直径比饮料罐稍大。

②从右边的圆形开始标记数字，从右至左分别标记1、2、3、4、5、6。在桌上放好厚纸板，受测者面对桌子坐着。在厚纸板上放三个标记1、2、3的饮料罐，受试者用自己习惯的那只手完成测试（以右手为例）。

③测试者发出“开始”口令，用启动秒表正式计时，受试者先将1号罐、2号罐、3号罐分别放在1号圆形中间、3号圆形中间和5号圆形中间，然后再迅速将1号罐、2号罐、3号罐分别放在2号圆形中间、4号圆形中间和6号圆形中间。然后再轮转一次使三个饮料罐还原到开始位置，再继续调整到第二次放的位置，最终分别在2、4、6号圆内，如图2–6所示。受试者必须将饮料罐放到每个圆形的中间，不能盖住边线，也不能落在圆形外，否则不计入测量结果中。出现失误就重新开始，直至完全没有错误才算测试成功。

（3）评价

用时最短，说明受试者身体动作协调性越好。

（4）注意事项

让受试者在测试前先熟悉测试工具和测试程序。

如果受测者平时习惯用左手，那么用左手完成测试，先将1号罐、2号罐、3号罐分别放在6号圆形中间、4号圆形中间和2号圆形中间，然后分别移动到5号圆形中间、3号圆形中间和1号圆形中间，如此轮转两次。

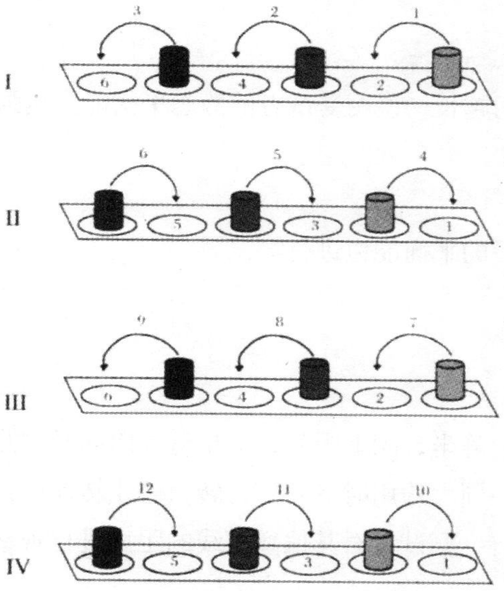

图2-6　协调能力测验流程图①

## （六）平衡性测试

1.鹤立测验

（1）测试目的

对受试者的静态平衡能力进行测试。

① 徐玉明.体适能评定与发展[M].北京：北京体育大学出版社，2013.

（2）测试工具

秒表。

（3）测试方法

有利脚支撑身体重心，另一脚屈膝向内侧抬起使脚掌位于支撑腿膝关节内侧，双手扶在腰两侧。测试开始，支撑脚脚跟提起，用前脚掌的力支撑身体重心。保持平衡，脚跟不着地，直至身体失去平衡则测试结束。测3次，取最好的一次成绩。

（4）评价

保持平衡的时间越长，说明受试者的静态平衡能力越强。

2.直线行走测试

（1）测量目的

对受试者运动后的平衡能力进行测试。

（2）测试工具

转椅。

（3）测试方法

受试者在转椅上静坐，闭上眼睛，头稍低并向前倾。测试者将转椅逆时针匀速转10周（转一周大约用时2秒钟），转椅停止转动后，受试者睁开眼睛并站起来，直线前行，测试者对其偏离直线的距离进行观察与测量。

（4）评价

偏离直线的距离越短，说明运动后平衡能力越好。

（5）注意事项

①匀速转动转椅，不可突然加速。

②受试者离开转椅后要立即向前以正常速度直线行走，不能有明显的停顿。

# 第五节　青少年体能健身训练计划设计

## 一、青少年体能健身训练计划设计的依据

面向一般的健身爱好者制订与设计体能健身训练计划，必须以体育锻炼的科学原理、人体生长发育规律、体能发展规律等为依据，而且必须将实现训练目标的需要与影响训练的主客观条件有机结合起来，从而保证体能健身训练计划的科学性、操作性和有效性。

具体而言，在体能健身训练计划的设计中要综合参考以下几方面的重要依据。

### （一）体能健身训练的目标

设计体能健身训练计划的最终目的是实现预期的体能健身训练目标，如增强运动能力、改善体质、提高健康水平等。这样的理想目标状态是从初始状态逐渐转移实现的，而转移的手段是进行科学的体能健身训练。制订最佳训练计划能够使体能状态的转移更加顺畅，缩短从初始状态向目标状态转移的过程，及早实现预期目标。

### （二）训练对象的体能起始状态

体能健身训练计划要与训练对象的实际情况相符，因此必须基于训练对象的体能起始状态而确定训练目标，设计训练计划，将此作为整个健身训练的起点。结合训练对象的现实状态而设计的体能健身训练计划更容易被训练对象接受，能够使训练对象在实施计划的过程中充分发挥主观能动性，积极配合各项计划任务的完成，最终也有利于提升训练对象的体能水平。

### （三）体能训练规律

要保证体能健身训练的科学性，就必须在设计健身训练计划时遵循体能锻炼的相关规律，如身体素质的发展规律、体能发展过程的多变性与可控性等。遵循客观规律设计的体能健身训练计划更具有科学性，也更加连贯、严谨。

### （四）影响体能训练的客观条件

体能健身训练活动能否顺利开展，与运动场地、器材设备、营养、医疗等客观条件有着必然的关系，因此在设计体能健身训练计划时必须考虑现有训练条件，依据实际情况去设计，同时也要积极改善客观条件，为顺利开展训练工作提供良好的物质支持与医务保障。

## 二、青少年体能健身训练计划设计的要求

体能健身训练计划要满足以下要求。

### （一）合理性要求

开展体能健身训练工作，要以科学合理的体能健身训练计划为参考和标准，训练过程是否系统、合理、有效，直接受训练计划合理性的影响。因此，必须在科学认识与正确把握体能训练客观规律的基础上设计科学合理的体能健身训练计划，并从训练对象的实际情况出发安排训练过程，通过训练有效解决青少年的体能发展与健康问题。

### （二）简明实用性要求

体能健身训练计划的适用对象是以改善体能、增强体质为目的的体育健

身爱好者以及其他有增强体质需求的人，所以体能计划不宜太复杂，要以简练的文字说明训练的目的、内容、方法、组织形式等重要信息，必要时配合图片说明。总之，要使健身指导者和训练对象看得清晰、看得懂，便于实施训练工作，也便于用量化标准和操作性强的方法去检查与评定体能健身训练效果。

### （三）相对稳定性与应变性要求

基于训练对象体能初始状态而设计的体能健身训练计划在一定时期内具有相对的稳定性，在这个时期内训练对象按照训练计划进行科学合理的体能训练，能够改善体能状态，提升适应能力，而当训练对象的适应性显著增强，体能状态明显改善，以及训练的客观条件发生变化时，也要着手从现实的主客观条件出发而进一步修订计划。

## 三、青少年体能健身训练计划设计的程序

对体能健身训练计划进行设计是一项涉及诸多因素的复杂工程，系统的训练计划包括诸多环节与子程序，不同环节和各个子程序之间有着必然的联系，对整个计划的运作有重要影响。因此，一定厘清计划中各要素的关系，要按照一定的程序去设计系统的体能健身训练计划，保证体能健身训练计划的科学性和系统性，并尽早将其投入使用，在实践中检验计划是否可行、是否有效。

体能健身训练计划的设计程序如图2–7所示。

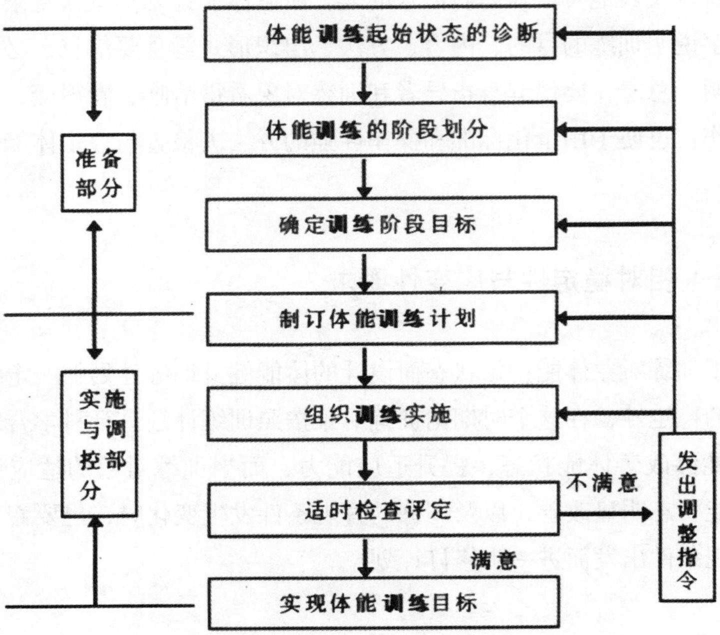


图2-7 体能健身训练计划的设计程序[①]

## 四、青少年体能健身训练计划设计的注意事项

### （一）注重爆发力训练

力量是体能的重要组成部分之一，是五大身体素质之一，也是运动素质的基础。在体能健身训练计划的设计中，力量训练内容与方法手段的设计与安排尤为重要。而且，要注意将爆发力的训练内容与方法融入力量训练计划体系中，改变人们认为只有运动员才需要爆发力的传统思想。

① 刘建国，崔冬雪，范秦海.学生体能锻炼教程[M].石家庄：河北教育出版社，2010.

爆发力不只是专业运动员需要，普通人也需要，只是水平要求不同。爆发力是人们参加很多体育运动都需要的基本体能，因此在体能健身训练中应该注重爆发力训练，通过举重、高翻等练习来培养。

### （二）注重核心稳定力量训练

在体能健身训练中，核心稳定力量的训练也很重要，核心稳定力量对个体而言有着重要的作用，尤其能够帮助人们在参与运动项目时很好地完成技术动作，充分发挥技术能力，并能预防运动损伤。

### （三）核心训练和辅助训练的定位要准确

在体能健身训练中，哑铃和杠铃是最常见的健身工具，但是现在有一些体能训练指导员将一些其他国家流行的花式训练手段作为主要训练手段，而将借助哑铃和杠铃进行训练的手段作为辅助训练手段，这是没有准确定位核心训练与辅助训练的表现。

一般情况下，在体能健身训练中，采用辅助训练手段的训练量在12%～25%之间，采用核心训练手段的训练量占绝对的比例。虽然组合式器械的训练手段花样多，但训练效果未必能满足训练者发展自身综合体能的要求。为了提升人们体能锻炼的积极性，对训练形式与手段的创新固然重要，但不能因此而忽视实际效果，在训练中仍然要以核心训练手段为主，并把握核心训练内容。

### （四）练习动作标准

进行体能健身训练的态度必须严肃认真，发挥主观能动性，自觉积极地训练，深入领会重要动作，通过长期系统的、多次重复的训练而促进正确动作记忆的形成，并达到标准化和自动化水平，这样既能保证体能健身训练的效果，又能预防运动损伤。体能健身训练教练应对青少年的练习动作质量提出严格要求，端正训练者的训练态度，切实提升其健康体能水平，增强体质。

# 五、青少年体能健身训练计划设计示例

## （一）增肌健身训练计划

增肌健身训练计划包括入门和进阶两个阶段，计划安排见表2–4。

表2–4　增肌健身训练计划

| | 入门阶段 | | 进阶阶段 | |
|---|---|---|---|---|
| 周期 | 12周 | | 8周 | |
| 间歇 | 组间间歇40秒<br>不同动作间间歇2分钟 | | 组间间歇≤90秒<br>不同动作间间歇2分钟 | |
| 要求 | 一次训练课≤60分钟 | | 一次训练课≤45分钟 | |
| 一周训练示例 | 练习部位 | 练习手段 | 练习部位 | 练习手段 |
| 周一 | 胸部 | 以下每个练习均为12个×4组：<br>（1）上斜杠铃卧推<br>（2）下斜杠铃卧推<br>（3）平板杠铃卧推<br>（4）坐姿器械推胸<br>（5）坐姿器械夹胸 | 腿部 | 除练习（1）是10个×10组，其余均为10个×3组：<br>（1）全蹲<br>（2）臀屈伸<br>（3）臀桥<br>（4）内收<br>（5）外展 |
| 周二 | 背部 | 以下每个练习均为12个×4组：<br>（1）坐姿划船<br>（2）杠铃划船<br>（3）器械引体向上<br>（4）对握器械下拉<br>（5）宽握器械下拉 | 胸部 | 以下每个练习均为10个×3组：<br>（1）上斜杠铃卧推<br>（2）下斜杠铃卧推<br>（3）平板杠铃卧推<br>（4）平板飞鸟<br>（5）双杠臂屈伸 |
| 周三 | 休息（辅助练习） | | 休息（辅助练习） | |

续表

| | 入门阶段 | | 进阶阶段 | |
|---|---|---|---|---|
| 周四 | 肩部 | 以下每个练习均为12个×4组：<br>（1）俯身斜板哑铃侧平举<br>（2）坐姿杠铃颈后推举<br>（3）坐姿杠铃颈前推举<br>（4）杠铃耸肩<br>（5）哑铃侧平举 | 背部 | 除练习（1）连续做50个外，其余均为10个×3组：<br>（1）引体向上<br>（2）T杠划船<br>（3）杠铃划船<br>（4）对握器械下拉<br>（5）直臂下拉 |
| 周五 | 手臂 | 以下每个练习均为12个×4组：<br>（1）杠铃窄握弯举<br>（2）杠铃宽握弯举<br>（3）锤式弯举<br>（4）牧师椅杠铃弯举<br>（5）站姿臂屈伸<br>（6）俯立臂屈伸<br>（7）跪姿臂屈伸<br>（8）颈后臂屈伸 | 肩部 | 以下每个练习均为10个×3组：<br>（1）杠铃坐姿颈前推举<br>（2）俯身侧平举<br>（3）杠铃前平举<br>（4）杠铃耸肩<br>（5）哑铃侧平举 |
| 周六 | 腿部 | 以下每个练习均为12个×4组：<br>（1）杠铃深蹲<br>（2）坐姿提踵<br>（3）腿弯举<br>（4）腿屈伸 | 手臂 | 以下每个练习均为10个×3组：<br>（1）哑铃单臂弯举<br>（2）杠铃弯举<br>（3）锤式弯举<br>（4）器械弯举<br>（5）颈后臂屈伸<br>（6）站姿绳索臂屈伸<br>（7）站姿臂屈伸<br>（8）双杠臂屈伸 |
| 周日 | 休息（辅助练习） | | 休息（辅助练习） | |
| 辅助练习 | 每日卷腹200次+拉伸练习 | | （1）每日卷腹200个+握力300次+拉伸练习<br>（2）周三，周六：长跑练习（3000米） | |

## （二）心肺耐力健身训练计划

心肺耐力健身训练同样可以分入门和进阶两个阶段来安排，计划见表2–5。

表2–5　心肺耐力健身训练计划

| | 入门阶段 | | 进阶阶段 | |
|---|---|---|---|---|
| 周期 | 4周 | | 4周 | |
| 间歇 | 组间或次间5分钟 | | 力量练习：组间2分钟，不同动作间2分钟<br>其他练习：组间或次间10分钟 | |
| 要求 | — | | 在完成入门练习后进行该阶段练习 | |
| 一周训练示例 | 练习形式 | 练习手段 | 练习形式 | 练习手段 |
| 周一 | 陆上练习 | 一次5000米沙滩跑 | 陆上练习 | 两次5000米沙滩跑 |
| 周二 | 水中练习 | 两次1500米游泳 | 水中练习 | 一次3000米游泳 |
| 周三 | 休息（辅助练习） | | 力量练习 | 以下各项练习中，强度均为70%，每个练习做到力竭为止：<br>（1）臀屈伸<br>（2）站姿屈髋<br>（3）腿弯举<br>（4）屈腿 |
| 周四 | 坡度练习 | 一次上坡跑2000米 | 休息（辅助练习） | |
| 周五 | 水中练习 | 两次1500米游泳 | 陆上练习 | 两次5000米跑 |
| 周六 | 休息（辅助练习） | | 水中练习 | 一次3000米游泳 |
| 周日 | 坡度练习 | 一次下坡跑1 500米 | 休息日（辅助练习） | |
| 辅助练习 | 每日卷腹100个+慢跑1千米 | | 每日卷腹100个+慢跑1千米 | |

## （三）柔韧性健身训练计划

健康体能训练中，身体柔韧性训练计划示例见表2–6。

表2–6　身体柔韧性训练计划

| 周期 | 8周 | |
|---|---|---|
| 间歇 | 组间和动作间间歇均≤1分钟 | |
| 要求 | 与基础力量、平衡力以及协调性训练相结合 | |
| 一周训练计划示例 | 练习内容 | 练习手段 |
| 周一 | 髋部柔韧性 | 以下练习每个10次，每次20秒：<br>（1）竖角式练习<br>（2）坐角式练习<br>（3）直角式练习<br>（4）三角式练习<br>（5）髋部绕环练习 |
| 周二 | 上肢柔韧性 | 以下练习每个10次，每次20秒：<br>（1）肩部柔韧性练习<br>（2）祈祷式练习<br>（3）反向祈祷式练习 |
| 周三 | 综合柔韧性 | 瑜伽拜日式练习，20次，无间歇 |
| 周四 | 平衡力练习 | 以下练习每个10次，每次坚持到自己的极限时间<br>（1）俯平衡练习<br>（2）仰平衡练习<br>（3）侧平衡练习 |
| 周五 | 髋部柔韧性 | 以下练习每个10次，每次20秒：<br>（1）竖角式练习<br>（2）坐角式练习<br>（3）直角式练习<br>（4）三角式练习<br>（5）坐姿屈髋练习 |

续表

| 周期 | 8周 | |
|---|---|---|
| 周六 | 力量练习 | （1）前蹲：12×4组<br>（2）高抓：以50%、60%、70%、80%的强度各做2次，最后以90%强度做1次<br>（3）支撑深蹲：以50%、60%、70%、80%的强度各做2次，最后以90%强度做1次 |
| 周日 | 综合柔韧性 | 瑜伽拜日式练习，20次，无间歇 |
| 辅助练习 | 每日慢跑1千米+卷腹100个+基础力量训练（周六除外） | |

## （四）平衡力健身训练计划

健康体能训练中，平衡力健身训练计划见表2-7。

**表2-7　平衡力健身训练计划**

| 周期 | 8周 | |
|---|---|---|
| 间歇 | 组间和动作间间歇均≤1分钟 | |
| 要求 | 与基础力量、柔韧性以及协调性训练相结合 | |
| 一周训练计划示例 | 练习内容 | 练习手段 |
| 周一 | 平衡力练习 | 以下练习各20次：<br>（1）慢速独木桥练习<br>（2）俯平衡练习（保持最长时间）<br>（3）“金鸡独立”（保持最长时间） |
| 周二 | 力量练习 | （1）静力深蹲负重：70%强度，每次持续30秒，重复4次<br>（2）箭步蹲：以50%、60%、70%、的强度各做2次，以80%、90%以及极限强度各做1次<br>（3）支撑深蹲：以50%、60%、70%、的强度各做2次，以80%、90%以及极限强度各做1次 |
| 周三 | 平衡力练习 | 同周一平衡力练习 |
| 周四 | 力量练习 | 同周二力量练习 |

续表

| 周期 | 8周 | |
|---|---|---|
| 周五 | 柔韧性练习 | 以下练习每个10次，每次20秒：<br>（1）坐角式练习<br>（2）三角式练习<br>（3）直角式练习<br>（4）肩部柔韧练习<br>（5）坐姿屈髋练习 |
| 周六 | 力量练习 | 同周二力量练习 |
| 周日 | 休息（辅助练习） | |
| 辅助练习 | 每日慢跑1千米+卷腹100个+基础柔韧训练（周五除外） | |

## （五）协调性健身训练计划

协调性健身训练计划见表2-8。

**表2-8　协调性健身训练计划**

| 周期 | 8周 | |
|---|---|---|
| 间歇 | 组间和动作间间歇均≤1分钟 | |
| 要求 | 与基础力量、柔韧性以及平衡力训练相结合 | |
| 一周训练计划示例 | 练习内容 | 练习手段 |
| 周一 | 力量练习 | 以下练习均以50%强度完成6次练习，然后强度以10%递增，练习次数递减1次，直至达到极限强度<br>（1）借力推举<br>（2）高抓<br>（3）高翻 |
| 周二 | 协调性练习 | （1）助跑双脚跳摸高：10次<br>（2）助跑单脚跳摸高：10次<br>（3）双手运球：30米×5次<br>（4）双手反向运球：30米×5次 |

续表

| 周期 | 8周 | |
|---|---|---|
| 周三 | 平衡力练习 | 以下练习各10次：<br>（1）慢速独木桥练习<br>（2）俯平衡练习（保持最长时间）<br>（3）“金鸡独立”（保持最长时间） |
| 周四 | 柔韧性练习 | 以下练习每个10次，每次20秒：<br>（1）坐角式练习<br>（2）三角式练习<br>（3）直角式练习<br>（4）压腿练习 |
| 周五 | 力量练习 | 同周一力量练习 |
| 周六 | 协调性练习 | （1）助跑单脚跳摸高：10次<br>（2）单脚跑跳：30米×3次<br>（3）双手运球：30米×5次<br>（4）双手反向运球：30米×5次 |
| 周日 | 休息（辅助练习） | |
| 辅助练习 | 每日慢跑1千米+卷腹100个+基础平衡力、柔韧性练习（周三、四除外） | |

# 第六节　青少年运动员体能训练计划设计

## 一、多年体能训练计划设计

多年体能训练计划时间至少两年，多则达到十几年，是对运动员在运动生涯中全部体能训练的规划，或者是对运动员某个特定时间内的体能训练的规划，前者指的是全程性计划，后者指的是区间性计划，这是运动员多年体能训练计划的两个分类。

## （一）全程性计划

制订全程性体能训练计划，必须为提升专项竞技能力和比赛成绩而服务，必须与专项训练的安排保持一致。全程性体能训练计划中含有4个紧密衔接的阶段，分别是基础训练阶段、专项提高阶段、最佳竞技阶段以及竞技保持阶段。每个阶段的体能训练因该阶段专项训练任务与目标的不同而有不同的安排，不仅各阶段的体能训练任务、内容不同，而且采用的训练方法、安排的运动负荷也有差异。

全程体能训练计划的设计要充分考虑不同身体素质的发展敏感期，抓住敏感期进行训练能够达到事半功倍的效果。在全程训练的四个阶段中，最为关键的核心阶段当属最佳竞技阶段，该阶段的体能训练直接影响运动员最佳竞技能力的获得与保持。最佳竞技阶段之前的基础训练阶段和专项提高阶段的体能训练都是为最佳竞技阶段的运动成绩而服务的。基础训练阶段要打好体能基础，主要进行一般性身体素质练习；专项提高阶段主要结合专项特征和需要进行专项体能训练；最佳竞技阶段的训练成果在竞技保持阶段可以得到延续，为了尽可能延续更长时间，在竞技保持阶段也要围绕专项进行体能训练，科学合理地安排训练量和训练强度。

## （二）区间性计划

全程性体能训练计划是对运动员多年体能训练的全过程所做的一个概括性的规划，是一个关于体能训练的大体框架与结构，不够具体和深入。而区间性计划是关于全程性计划中某个训练阶段的体能训练计划，如基础训练阶段的体能训练计划、专项提高阶段的体能训练计划等。和全程性计划相比，这类多年体能训练计划周期短，训练目标更加明确，训练内容更为详细、具体，更能体现专项需要。

多年体能训练中不同训练阶段的体能训练都要设计相应的区间性训练计

划，而且不同的区间性训练计划要有所区别，要与该阶段的训练目标、任务保持一致。

例如，基础训练阶段的体能训练区以一般身体素质和能力训练为主，贯彻循序渐进的训练原则，先培养力量、速度、耐力等单一性身体素质，然后培养灵敏、协调等综合性身体素质，训练负荷不断增加，提高运动员的适应力。

在专项提高阶段的体能训练中，训练内容从一般身体素质向专项身体素质过渡，训练负荷比基础训练阶段的负荷大。

## 二、年度体能训练计划设计

年度体能训练计划包括单周期、双周期和多周期等结构类型，各类型训练计划的安排与特点如下。

### （一）单周期训练计划

将全年体能训练作为一个系统完整的大周期去组织，这个大周期中又包含三个阶段，分别是准备期、比赛期和恢复期，其中准备期和比赛期的时间比较长，为了便于开展体能训练，又在各个时期划分了具体的训练阶段，将各阶段的体能训练衔接起来。

### （二）双周期训练计划

将全年体能训练分为两个大周期去组织，每个大周期中各自包含一个准备期、比赛期、恢复期。在每个大周期中，准备阶段体能训练一般持续3个月，比赛阶段体能训练持续1.5～2个月，恢复阶段一个月左右。一个大周期的训练过程历时6个月左右完成。

### （三）多周期训练计划

将全年体能训练分成3个大周期去组织，这一划分对运动员将体能素质转化为竞技能力、再将竞技能力转换为运动成绩的能力提出了很高的要求，而且每个周期的体能训练对训练条件、训练手段、恢复措施的要求也更高。

## 三、周期体能训练计划设计

### （一）准备期体能训练

准备阶段的体能训练要贯彻从一般到专项、从单一到综合的原则去安排，使运动员的体能水平满足竞赛需要。在一般与专项相结合的体能训练中，一般体能占主导，以促进运动员健康水平的提升。该阶段主要采用负荷量较大、负荷强度较小的间歇训练法和持续训练法。

### （二）比赛期体能训练

比赛期的体能训练以专项运动素质的培养与提升为主，促进运动员最佳竞技能力的形成与保持，为接下来的比赛做好充分的准备，争取创造出更佳的比赛成绩。

比赛期的体能训练要重视对负荷节奏的安排，使运动员实现超量恢复，在体能训练中也要采用动机激励法，使运动员保持适宜的兴奋性水平，使其积极参加比赛，最大限度地发挥潜力和技能。

### （三）恢复期体能训练

恢复期采用低负荷的训练手段，使运动员的身心恢复正常状态，消除紧张状态。运动员的快速恢复不是单纯的休息就能实现的，这里的恢复不是自然恢复，而是在训练活动中的积极恢复，采用恢复式训练手段如变换练习法、游戏练习法等帮助运动员消除身心疲劳。在变换练习和游戏练习活动中，要求练习强度不宜过大，练习量要适宜。

## 四、周体能训练计划设计

周体能训练计划是关于运动员一周时间的体能训练规划与安排，是比周期体能训练更为具体的训练规划。

在为期一周的体能训练中，大负荷训练课宜安排3～5次，每次大负荷训练课中的训练内容不能完全一样，要交替安排不同的训练内容。每周也要安排一些小负荷训练课，课次为一周训练课次总量的1/4，这类训练课的目的是促进运动员机体恢复。

周训练计划中不同负荷课次的分配参考表2-9。

表2-9　周训练计划中不同负荷课次分配①

| 周课次 | 大负荷课次 | 中负荷课次 | 小负荷课次 |
|---|---|---|---|
| 3～4 | 1～2 | 1～2 | 0～1 |
| 5～6 | 2 | 2～3 | 1～2 |
| 7～8 | 2～3 | 2～4 | 2 |
| 9～10 | 3～4 | 3～5 | 2～3 |
| 11～12 | 4～5 | 4～5 | 3～4 |

① 康利则，马海涛.体能训练理论与方法[M].西安：陕西人民出版社，2011.

## 五、课时体能训练计划设计

训练课是最小的体能训练单元，其他类型的体能训练计划最终都要落实在体能课上。设计课时体能训练计划，要根据所处阶段的训练目的、任务及比赛需要而选用训练手段，采取合理的组织形式，并在每次课结束后及时帮助运动员消除疲劳，促进恢复。

### （一）训练手段

每次训练课的体能训练效果很大程度上是由采用的训练手段决定的，要做到训练手段的科学、合理、有效，须满足以下要求。

1.系统性和多样化

在体能训练课上采用的训练手段不要太单一，否则不利于良好训练效果的获得，也会影响运动员训练的热情与积极性。丰富多样的训练手段更能够激发运动员的训练激情，取得综合性的训练效果。

此外，训练手段还必须具有系统性，不同训练手段之间要有一定的联系，这样交替使用各种训练手段才能取得进一步的训练效果。保证训练手段的系统性也能为检查评定训练效果提供方便。

2.有效性

选择体能训练手段的主要思想是所选手段是否有利于完成课时体能训练任务和实现预定的课时体能训练目标。为确保训练手段的有效性，要深入分析训练手段的动力学、解剖学及生理生化特点，判断预期（发展）的肌群承受适宜的负荷后是否能够引起新的生物适应现象，结合运动人体科学来选择训练手段，能够在很大程度上保障训练手段的科学有效性。例如，要发展运动员的力量耐力，应选其最大负荷能力25%以下的重量进行反复练习（每组练习的重复次数较多）。

不同项目运动员在体能训练中应根据本专项运动肌肉工作特点选择适宜的训练手段，如足球运动员力量训练手段见表2–10。

表2-10　足球运动员的力量训练设计的手段①

| 肌肉 | 主要功能 | 力量练习 | | | |
|---|---|---|---|---|---|
| | | 最大力量 | | 快速力量 | |
| | | 改善肌肉结构 | 改善肌肉协调 | 过渡的方法 | 不带负荷 |
| 腹直肌<br>腹斜肌 | 前屈肌 | 转体仰卧起坐<br>侧举腿 | 转体仰卧起坐（带负荷）<br>侧举腿 | | 快速仰卧起坐<br>两头起<br>高抬腿 |
| 骶棘肌 | 伸上体 | 摆体（轻杠铃）<br>伸直上体（短杠铃） | （穿重鞋）伸直躯干（杠铃） | 后抛（3公斤铅球） | 高抬腿跑半蹲跳 |
| 臀大肌 | 伸髋 | 后举腿（穿重鞋）<br>屈膝（短杠铃） | 屈膝（杠铃） | 半蹲跳（沙袋、杠铃） | |
| 大腿前肌群 | 伸膝 | 伸小腿（穿铁鞋） | 屈膝（杠铃）<br>半蹲（杠铃）<br>跳深 | 半蹲跳（沙袋、杠铃） | 半蹲跳 |
| 大腿后肌群 | 屈膝 | 屈小腿（穿铁鞋） | 跪立慢倒成俯卧 | | 半蹲跳 |
| 大腿内侧肌群 | 内收大腿 | 分并腿（穿重鞋） | 分并腿（穿很重的鞋）成俯卧 | | 快速提踵 |
| 腓肠肌 | 伸足 | 伸足 | 跳深（脚跟不着地）<br>负重提踵 | 半蹲跳（沙袋、杠铃） | 快速交叉左右打腿 |
| 肩肌<br>胸肌<br>臂肌 | 伸展肩肘关节展臂<br>伸臂内旋 | 斜面卧推（短杠铃）<br>扩胸（短杠铃） | 斜面卧推（杠铃）<br>颈后推（杠铃） | | 跑跳步<br>跨跳步 |

① 龙春生.体能训练法[M].沈阳：辽宁大学出版社，2009.

### （二）训练课组织实施

课时体能训练计划中还应该包括训练课的组织实施方式，如课堂结构划分、训练条件准备、队列队形设计、分组方式、紧急情况应对策略等。明确这些细节问题，更有利于提高训练课的组织实施效率，提升训练效果，降低不良现象带来的消极影响。

### （三）训练后恢复

要提前制订训练后恢复的措施，否则等出现疲劳之后再去想办法就会延长疲劳时间，进而延长恢复时间，影响运动员在下一次训练课上的表现。

训练后采取什么样的恢复措施，主要取决于运动员的疲劳程度，因此也要将运动员疲劳评定方法纳入训练计划中，通过观察、简单仪器测量或教练员经验判断等方式来了解运动员的疲劳性质和程度，从而对症下药，及时干预，促进恢复。

# 第三章　青少年体能课教学指导

青少年的体能训练主要是以体能课的形式开展的，对体能课进行科学设计与指导，是保障青少年体能发展质量和效率的关键因素。因此，本章将从青少年体能课教学理念、青少年体能课教学原则与方法、青少年体能课教学组织、青少年体能课教学管理，以及青少年体能课需要关注的问题等几个方面展开阐述。

# 第一节　青少年体能课教学理念

青少年体能课的教学主要围绕着三个教学理念进行，它们分别是以人为本、健康第一和个性化教学。

## 一、“以人为本”教学理念

### （一）“以人为本”教学理念的理论基础

“以人为本”教学理念在体育教学中得到充分的重视和贯彻，并且已经发挥出明显的积极作用。“以人为本”教学理念是现代人本主义教育思想在教学实践中的重要运用，是符合社会发展需要的先进理念，是对人的价值的深入思考的结果，非常符合现代社会发展的潮流。

随着“以人为本”教学理念的不断推进，我国体育教学的质量迈上新的台阶。这是因为，以认知心理学和行为主义为理论基础发展而来的“以人为本”教学理念，充分地理解和尊重了人性的特点，从而使教学更贴近青少年学生的发展需要。在这一教学理念的指导下，体育教学中的体能课不仅能够提高青少年的体能素质，而且对其人格发展、兴趣培养以及认知水平提升产生了积极的作用。

在教育层面，可以将“人本主义”理解为将人从“器物”中解放出来。由于现代社会科技发展迅速，人们的生产劳动逐渐被科技替代，因此人在社会发展中的作用发生重要的转变。通过充分发掘人们的独特个性，使其更多地发挥创造力，进而从简单的重复劳动中摆脱出来。在体能课中，则体现为对青少年进行更具有针对性的体能训练，而不是以单一的标准要求所有的青少年，这是“以人为本”教学理念所产生的重要影响。

### （二）“以人为本”教学理念的内涵

结合青少年体能课的教学目标，“以人为本”教学理念的内涵集中体现为以下几点：

（1）青少年学生是体能课的主体，一切教学活动要围绕这一主体进行。

（2）体能课的主要目的在于促进青少年体能素质的提升，促进因材施教，促进青少年心理品质的提升。

（3）在体能训练中，青少年要学会发展健康的人际关系，促进个人综合能力，尤其是社会交往能力的提升。

（4）要进行“有意义的教学”，努力提高体能课的教学质量和效果。

## 二、“健康第一”教学理念

“健康第一”是体能课的另一个重要教学理念，是保证青少年身心安全和健康的重要教学指导思想，在教学实践中具有不可替代的作用。具体的可表现为以下几点：

### （一）健康是训练的基础

“健康第一”的内涵十分丰富，既包括身体健康、心理健康、精神健康，也包括社会健康、生殖健康等内涵，是一个多维的健康概念。“健康第一”教学理念是青少年体能训练的基础性指导思想，因为一切训练都应该建立在健康的基础之上。

总之，“健康第一”是体能课教学的前提，是促进青少年学生健康成长的基础，理应受到高度重视。

### （二）多元健康的发展观

“健康第一”的另一侧重点是加强对青少年多元健康要素的培养。体能课不仅能提高青少年的体能素质，还能发展其坚毅的性格，养成锲而不舍、持之以恒的优秀品质。通过体能课的科学训练，引导青少年树立自觉、自律、自强的健康发展观，树立全面发展的人生目标。

“健康”不仅是一个衡量身体素质的标准，也是一切发展的基本要素。只有全面理解“健康”的深层含义，才能指导青少年更加有效地发展自身各项潜能，从而成为对国家和社会有用的人才。

### （三）健康教育的全面性

体育教学是培养人才德智体美全面发展的一个重要途径，而体能训练又是体育教学中的重要环节。“健康第一”教学理念要求体育教学活动的开展要以青少年学生的健康为基础，并且强调，这里的健康包含着全方位的内涵。通过体能课的系统教学，将青少年学生的身体健康、心理健康、人际关系健康、社会健康等重要发展进行有机的统一。在现代的体能课教学活动中，不仅要关注青少年的身体健康，而且还要关注他们的心理和社会发展的健康，为青少年日后走向社会，做好身体、心理以及社会交往能力的良好准备。

综上所述，在体能课教学活动中，应充分贯彻与实施“健康第一”的教学理念，以促进青少年身心的全面发展。

## 三、“个性化”教学理念

以青少年的自身特点为教育的起点是当今体育教学思想的重要理念之一。“个性化”教学理念引入体育教学后得到了师生的广泛好评，“个性化”是充分“看见”并肯定青少年个人特点的体现。每个人都是独一无二的存在，每个人都有自身的发展需要，因此强调“个性化”教学是现代社会文明发展的一个重要特点。在体能课的教学活动中，体育教师会根据青少年的身体素质基础、性格特点、发展需要以及当前所处的生长发育阶段的特性进行教学，努力使每一个青少年学生的潜能都能被发现、被重视、被发展，这是

"个性化"教学理念的最终目标。

促进学生的个性化发展是体能课的教学目标之一，对于素质教育的深化与改革具有重要的意义。个性化教育强调了生命的独特性，给予学生充分的尊重，有助于其日后的人生发展。实际上，教育的目的就是促进每一个个体独特生命的成长、发展和完善，而不是削足适履、压抑个性，驯化千人一面的中庸之才。在体能课的教学活动中，充分尊重生命的独特性，创设适合个体个性化发展的教育环境是实现素质教育的根本途径。

### （一）差异性就是个体独特性的体现

每一个青少年都具有独特的身体优势和性格特点，这些差异性是进行个性化教育的基础，也是培养人才的重要依据。因此，在体能课的教学活动中，应充分重视青少年的差异性，无论是身体条件，还是性格特点，青少年的差异性决定着体能训练的方式方法，也体现着学校教育的现代性和时代性。通过挖掘和尊重青少年的个体独特属性，可以更好地开展体能训练，使其潜在的天分得到发展，使青少年更能体会训练的成果，进而更加投入地进行训练，使训练效果得到保障。

### （二）尊重个体的发展需要

在体能课的教学过程中，教练应对每一个青少年个体进行了解并予以尊重，这也是促进其积极热情地投入训练的有利因素。体能训练是艰苦的，需要具有坚毅的品质和坚定的信心才能坚持始终。如果能将青少年进行体能训练的动力源泉与他们的兴趣爱好建立联系，那么就会有效促进训练效果的提升。因此，尊重个性是提升教学质量的有效途径，个性化教育就是充分尊重被教育者的个性和需要，科学、系统地引导其不断成长。可以说，现代教育的理念就是建立在承认每一个青少年学生都享有个性化学习的权利的基础上的，这也是与时代发展理念相一致的体现。

# 第二节 青少年体能课教学原则与方法

青少年进行体能锻炼需要遵循一定的原则和方法，才能保证锻炼的科学性和合理性，才能真正起到促进青少年身心健康成长的目的。

## 一、青少年体能课的教学原则

青少年体能课要以科学方法进行，由于青少年处于生长发育的重要阶段，因此在进行教学时必须严格遵守一定的原则，以下是其中比较重要的几点。

### （一）系统性教学原则

系统性原则是指青少年在参加体能锻炼时，通过体能发展的内在规律对自己的训练过程做出一个科学合理的规划，并且长期不间断地进行训练。体能课的训练计划应该以尊重青少年的生长发育规律为前提，制订系统的教学训练计划。比如：

（1）要对整个体能锻炼的过程进行系统的规划。

（2）要对整个体能锻炼的不同阶段的训练内容、训练方式、训练负荷等进行统筹规划。

体能锻炼各个阶段中对系统性原则要求最为严格的阶段为青少年时期以及体能达到高水平时期这两个阶段。其中青少年时期是青少年各项运动素质发展的敏感时期，这个时期应遵循系统性训练的原则，根据青少年的运动素质发展状况制订训练计划，有助于充分发掘青少年的运动天赋，为青少年发展更高水平的运动技能提供运动素质基础。

## （二）一般和专项训练相结合原则

一般训练和专项训练相结合原则是指在实践中，要根据运动项目的特点以及运动员的真实水平，选择不同的训练时间、训练计划和训练内容，并及时根据变化和运动员的发展情况进行调整。

一般训练主要是针对运动员进行全面、基础、综合的素质训练，与专项的关系不大。比如，以多种身体练习、训练方法和手段，全面提高运动员的各种器官系统的机能，从整体上改善其身体素质和运动素质，同时对整体的身体形态也具有一定的改善作用。

专项训练是紧密结合专项运动的要求和运动特点而进行的，是为提高运动员的比赛成绩而服务的。专项训练是指以专项运动本身的动作及比赛为标准进行的练习，专项训练能够直接提升运动员的专项运动技能和运动水平，专项训练包括体能训练、技术动作训练、技术训练和战术训练等。有关体能的专项训练主要是提高运动员进行专项运动时所需的各器官系统的机能，并对发展专项运动技术和战术具有积极意义。

人体的力量、速度、耐力、柔韧和灵敏等运动素质不是孤立存在和发展的，它们彼此之间相互影响、相互促进，也相互制约，这意味着在专项体能训练中，要强调提高运动员的某一专项素质，但是要提高该素质，还需要通过一般体能训练来发展其他相关素质水平，这样机体才能正常、健康地逐渐发展。这也是体现一般体能训练与专项体能训练相结合的一个重要方面，即在专项体能训练的过程中，穿插进行一般体能训练是必不可少的环节。这是因为机体存在运动素质转移的现象，即机体在素质发展过程中，某一素质的发展会影响另一种素质的发展，并且发生一定的转移。这也是教练和运动员在体能训练实践中，要充分注意的部分。因为运动素质转移既包含良性转移，也包含不良转移，我们应努力促成良性转移，避免不良转移的发生。

另外，让一般训练和专项训练相结合，还可以起到缓解神经疲劳的作用。因为过多的专项训练，容易引起机体局部负担过重，以及令中枢神经系统产生疲劳，从而降低训练效果。因此，在内容比例上，早期的一般训练占比较多，而到了后期，则逐渐过渡到以专项训练为主，一般训练为辅，且一般训练练习选择内容应少而精，选择一般训练的标准有以下两点：

（1）促进专项训练的良性素质转移，避免不良的素质转移。

（2）在专项训练出现适应和疲劳的征兆时，改为进行一般体能训练。

总之，在对竞技体育后备人才进行体能训练时，一定要注意一般训练与专项训练相结合的原则。因为只有二者相互交替地进行，才符合青少年运动员的训练需要，才能获得最佳的训练效果。

### （三）不间断原则

对于青少年竞技体育后备人才而言，无论是体能训练还是技战术训练，都应该秉持不间断原则。在体能课的教学过程中，无论是哪个专项的青少年运动员，必须坚持不间断的教学原则进行教学，从而通过系统的、长期的、不间断的多年训练而获得优异的体育能力。

体能是一个动态的发展过程，因此在体能课教学中，教师应该把握好教学的节奏，在不违背青少年身体发育的前提下，进行不间断的体能训练和教学。

另外，不间断原则还包含体能课的内容应该是连贯的、彼此衔接的，这样教学效果才会更好。

## 二、青少年体能课的教学方法

### （一）完整训练法

完整训练法是指在体能锻炼的整个过程中，始终将技术动作和战术配合完整地结合在一起进行训练的一种训练方法。

完整训练法的适用范围十分广泛，包括单一动作的训练、多元动作的训练、个人成套动作的训练、集体配合动作的训练等。

完整训练法的优势在于，它在训练开始时就已经将技术动作和战术配合结合在了一起，能够锻炼青少年将二者顺畅、协调地结合在一起的能力，从而加深青少年对技术动作与战术配合的完整结构，以及各个部分之间的内在联系的认识与掌握。

## （二）间歇训练法

间歇训练法是指在机体没有恢复到工作前起始水平时即再次进行训练的一种严格控制训练间歇时间的训练方法。间歇训练法被广泛运用在运动训练中，也是体能锻炼的主要方法之一。间歇训练法主要包含三种形式，分别是高强性间歇训练法、强化性间歇训练法以及发展性间歇训练法，这三种间歇训练方法根据不同的训练需求被应用在不同的训练情景之中。

体能素质的提升是在运动间歇的过程中实现的，人们通过严格控制间歇时间使机体获得超量恢复。超量恢复是指机体在休息过程中恢复的水平超过运动之前的机体水平。超量恢复是体能素质提升的本质，体能素质是在一次次超量恢复的积累中不断获得提升的。

间歇训练法的优势在于不仅能够起到增强青少年肌肉力量的作用，还能够增强其各内脏器官的功能。因为在体能锻炼的过程中，肌肉能够在间歇中获得休息，但是呼吸系统和循环系统即使在间歇中也依旧维持着较高的工作强度。当间歇结束，继续进行下一次训练时，呼吸系统和循环系统要持续进行工作，也就是对它们提出了更高的要求，所以在合适的运动负荷范围之内，能够增强各内脏器官的功能。

根据不同的训练任务和训练目的，人们应该制订不同的间歇训练方案。比如，想要通过间歇训练法发展持久耐力，制订的间歇训练方案应该为：练习强度较小、练习距离较长、练习次数较多；想要通过间歇训练法发展力量耐力，制订的间歇训练方案应该为：负荷的重量较小、练习的强度在中小水平、练习的次数较多；想要通过间歇训练法发展绝对速度，制订的间歇方案应该为：练习的距离较短、重复的次数较少、练习的强度较大。

此外，在使用间歇训练法的过程中，还应该注意以下几点要求：

（1）间歇训练法中的间歇，并不是让青少年静止不动，而是要通过慢走、慢跑以及一些伸展、拉伸动作，使机体处于积极的小幅度运动中。这样做的好处是，青少年的血管能够受到肌肉的按摩，有助于青少年血液的补充和体内废物的排除。

（2）间歇训练法中，间歇时间的确定是重点。首先要保证运动和间歇交替进行；其次要保证青少年的机体完全恢复，即心率恢复到120～140次/分钟时才能继续进行下一次练习。

## （三）重复训练法

重复训练法是指保持训练负荷和动作结构不变，根据训练目的和训练任务，按照一定的要求进行反复训练，同时在多次反复训练的过程中，安排一定的间歇时间，以保证机体能够充分恢复的一种训练方法。

重复训练法中的三个变量分别是负荷量、负荷强度和间歇时间，改变这三者中的任意一个因素都会影响重复训练法的训练效果。重复训练法的适用范围也非常广，不仅可以应用到体能锻炼中，也能够被应用于技战术训练，这对于增强和巩固青少年的技战术具有重要帮助。

按照练习时间的长短和间歇的方式对重复训练法进行分类，可以将其具体分成以下几种类型：

1.按练习时间的长短分类

（1）短时间重复训练法

每次训练持续的时间在30秒以内，一般被应用在速度素质训练、力量素质训练、基本技术或者高难度技术的组合训练中。

（2）中时间重复训练法

每次训练持续的时间在0.5～2分钟，一般被应用在整套技术动作训练中。

（3）长时间重复训练法

每次训练持续的时间在2～5分钟。

2.按间歇的方式进行分类

按照间歇的方式对重复训练法进行分类，可以将其分成连续重复训练法和间歇训练法两种，每种训练方式运用的场景不同，能够达到的训练效果也不相同。

## （四）变换训练法

变换训练法是指在体能锻炼的过程中，有意识地对运动负荷、动作组合以及训练的环境和条件进行改变，从而实现训练目的的训练方法。

1.变换训练法的种类

（1）内容变换训练法

内容变化训练法是指以训练的内容作为变量的变换训练法。内容变换训练法主要针对的是运动专项，每个运动专项需要掌握的动作、技术、战术等都各不相同，应该根据运动专项的要求和运动专项的特点确定训练的内容。

（2）负荷变换训练法

负荷变换训练法是指以训练的负荷作为变量的变换训练法。负荷变换训练法的变换通过训练负荷的量或者负荷的强度表现出来，能够有效促进青少年体能素质、机体水平和运动技能的提升。

（3）形式变换训练法

形式变换训练法是指以训练的形式作为变量的变换训练法。形式变换训练法主要表现为改变训练的形式、训练的时间、训练的环境、训练的场地、训练的路径等。

2.变换训练法的主要作用

体能锻炼是一个艰苦、枯燥的过程，很容易让青少年感受到乏味。而对训练的内容、负荷、形式等进行变换，能够对青少年的大脑皮层产生新的刺激，使青少年从体能锻炼中获得新鲜感，消减体能锻炼的枯燥和无聊。这有助于提升青少年的训练热情和训练积极性，使青少年在体能锻炼中保持良好的心态，更好地坚持体能锻炼。

## （五）分解训练法

分解训练法是指在体能锻炼的过程中，按照一定的依据，将整个体能锻炼的过程合理划分成无数个阶段或者部分，然后按照体能发展的规律，按顺序对这些阶段或者部分进行训练，通过各阶段或部分训练目的的实现最终促进整个体能锻炼目的的实现的训练方法。

在实践中，人们一般会将体能锻炼分解成有氧训练部分、无氧训练部分，或者力量素质训练部分、耐力素质训练部分、速度素质训练部分等。然后根据不同的训练任务和训练要求，制订有针对性的训练计划，最终实现整个体能锻炼计划的实现。

此外，分解训练法还可以被运用到运动技术、战术的训练中。青少年在运动训练的过程中无法一次性掌握所有的运动技术和战术，这就需要教练按照一定的依据将整个运动专项的技术和战术划分成比较简单和基础的部分，青少年先对这些基础、单一的技术进行训练，然后再将这些动作结合在一起，进行较大难度的组合动作的练习，最终掌握整个运动专项的技战术。分解训练法是运动技战术训练的主要方法之一，具有理想的训练效果。

## （六）连续训练法

连续训练法是指在较长的时间内，以稳定的运动强度，不间歇地进行体能锻炼的训练方法。持续训练法一般被应用在青少年的耐力素质训练之中，一些运动负荷强度不大、动作技巧又十分细腻的运动技术的训练也能够通过持续训练法获得较好的训练效果。

1.影响连续训练法持续时间长短的因素

（1）运动专项本身的特点和规律。

（2）青少年的个人情况，包括运动基础水平、运动天赋、参加运动训练时候的状态等。

（3）负荷价值的有效范围。

2.连续训练法的作用

（1）使机体机能和人的内脏器官在一段持续时间的稳定运动负荷的刺激之下，产生稳定的适应，从而实现运动机能的提升和巩固。

（2）能够增强有氧供能系统的供能能力。

（3）进一步增强有机体的无氧代谢能力。

3.连续训练法的注意事项

在使用连续训练法的过程中，一定要非常注意训练强度和练习时间之间的关系。当训练的强度比较大的时候，应该适当缩短训练持续的时间；当训练持续的时间比较长的时候，应该适当地减小运动训练的强度。只有正确处理好运动强度和训练时间之间的关系，才能取得理想的训练效果。

## （七）比赛训练法

比赛训练法是在多种依据的基础上提出来的，如青少年本身的竞争意识和竞争精神、运动能力形成的原理和规律、体育运动的竞赛规则等。按照性质对比赛训练法进行分类，可以将其分成教学比赛训练法、模拟比赛训练法、检查比赛训练法和适应性比赛训练法四种。

比赛训练法的作用主要包含以下几个方面：

（1）有助于营造紧张的氛围，对青少年的大脑皮层产生刺激，提高青少年大脑皮层的兴奋度，从而激发青少年的训练自觉性和训练热情。

（2）有利于加大体能锻炼的强度。

（3）通过接近真实的比赛环境、严格的比赛规则和比赛方式对青少年进行训练，能够让青少年提前感受比赛的氛围，有利于增加青少年对比赛的了解和适应，提升青少年的心理承受能力。

（4）实现体能锻炼与实战紧密相结合，有助于青少年更好地掌握和改进运动技术，提高运动者的运动实战能力。

## （八）负重训练法

负重训练法是指在体能锻炼的过程中，利用重物增加身体负荷的重量，从而增强训练的效果，达到增强体质的目的。负重训练法中使用的重物，一般包括沙袋、哑铃、杠铃等。

负重训练法是一种非常实用、简便的训练方法，除了青少年在专业的运动训练中可以使用这种训练方法，普通人也可以通过这种方式来增强体质，一些病人也可以运用这种方式促进身体恢复。

在使用负重训练法时，要十分注意机体承受的负荷的合理性，应该以最大摄氧量和最大心输出量以下的负荷作为训练负荷，负荷过大会影响心血管系统和呼吸系统的功能。

# 第三节　青少年体能课教学组织

青少年的体能课与普通的体育教学和竞技运动员的体能训练存在一定的区别，在教学组织上具有特殊的组织形式和管理方法，本节将对此进行详细分析。

体能课的教学组织主要有以下几种形式：

## 一、集体教学

集体教学的组织形式一般是在讲授新内容时采用。集体教学是体育教师对全体学生的一对多的教学组织形式。为了将知识准确无误地传递给每一个学生，集体教学的形式又可分为横队、包围和准包围队形等几种形式。

### （一）横队队形

横队队形如图3-1所示，将青少年学生分为几列横队，这种队形一方面方便教师的管理，能够在视线范围内看到全体青少年学生的动作和投入情况。同时，也便于学生彼此成双成对地随时进行练习。

横队队形的缺点是，如果学生人数过多，那么排在后面的学生距离教师较远，容易被前面的同学挡住视线，因此在视觉上和听觉上都对他们获得信息带来不利影响。因此，在实际教学中还需要其他组织形式的补充。

### （二）包围队形

包围队形如图3-2所示，即所有的学生围成一个大圆，教师站在中间，与每一位学生保持同样的距离，这种队形有利于教师在示范动作时所有学生都能清楚地看到，使他们不会受到视线干扰。

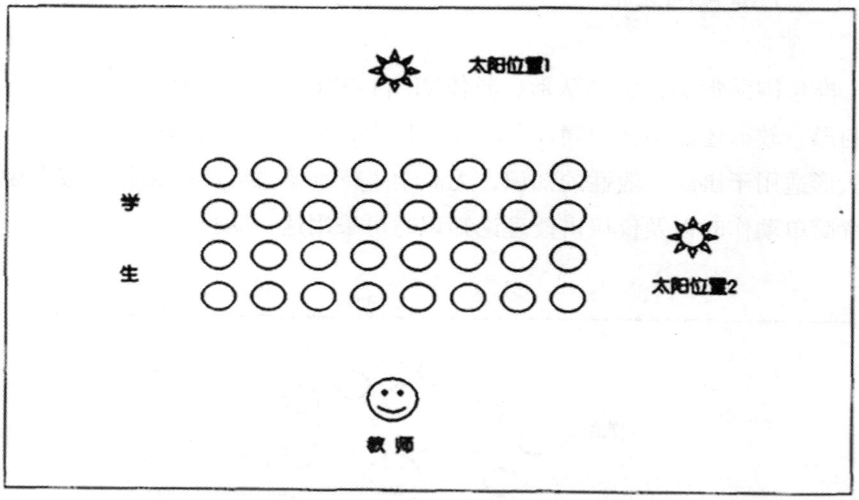


图3–1　横队队形[①]

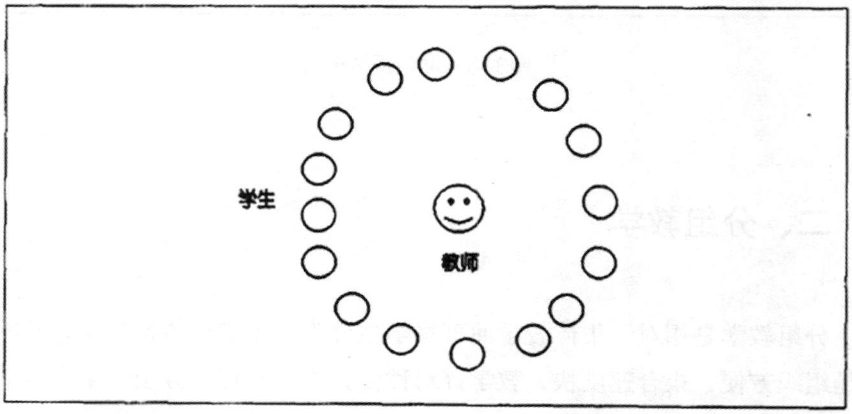


图3–2　包围队形

① 马定国.高校公共体育管理[M].北京：北京体育大学出版社，2006.

### （三）准包围队形

准包围队形类似包围队形，具体如图3-3所示，即青少年学生围成不规则圆形，教师还是站在中间。它的优点是不必为了整理队形而花费时间，这种队形适用于讲解一般性的知识，无需学生特别留意教师的动作，或者说在讲解简单动作时以及仅仅讲授理论知识时可采用这一队形。

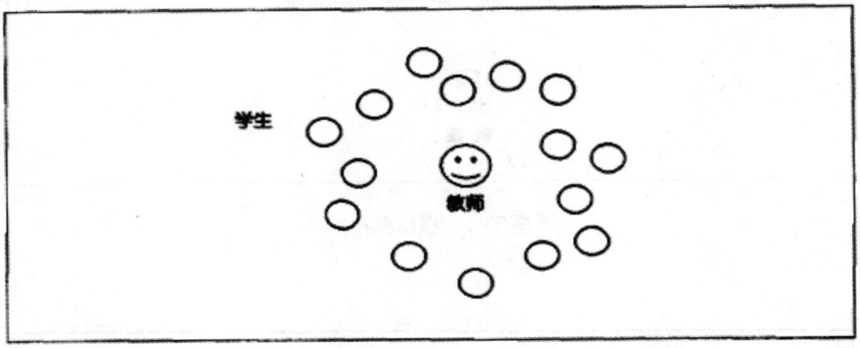


图3-3 准包围队形

## 二、分组教学

分组教学是相对于集体教学而言将学生分为几组进行体育教学，它的优势是组织方便，集合速度快，教学针对性强，方便管理。分组教学中常见队形有以下几种：

### （一）一字队形

1.并联队形（图3-4）

并联队形是指挥各组学生站成一列纵队，所有组横向并列，相邻两组间距适宜，教练巡回指导。

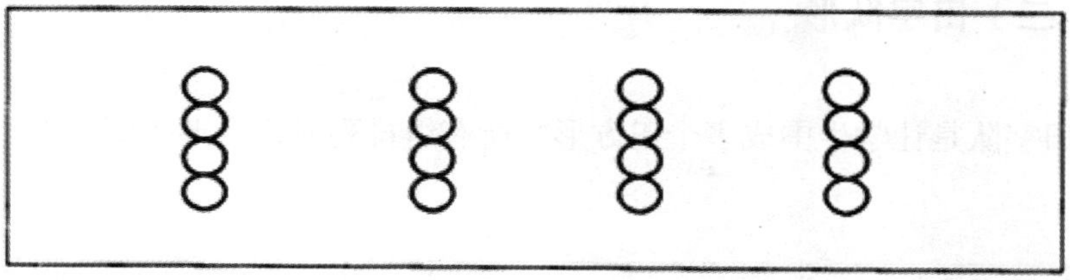

图3–4　并联队形

2.串联队形（图3–5）

串联队形是让每组学生成一列横队，所有组排成一字型，相邻两组间隔一定距离。

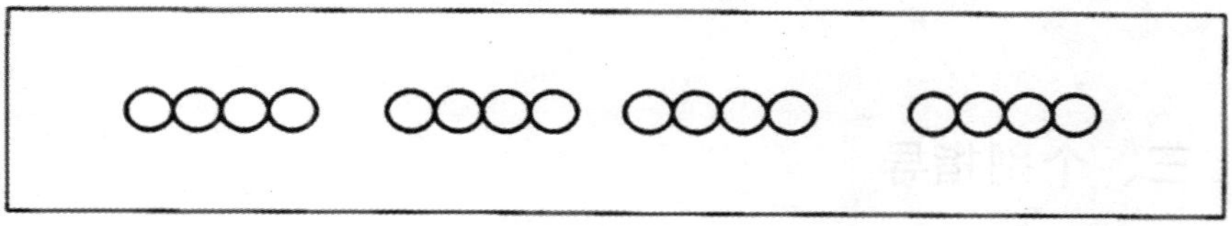

图3–5　串联队形

3.糖葫芦队形（图3–6）

葫芦形队形是让学生围成几个相邻的圆形，组与组之间间距适宜。

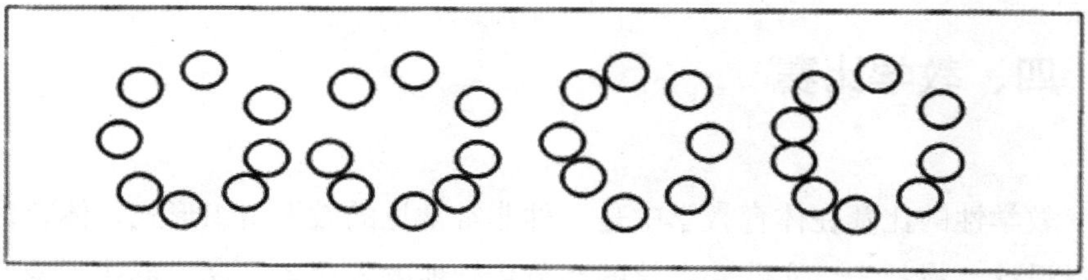

图3–6　糖葫芦队形

### （二）田字队形

田字队是让学生围成多个正方形，所有组排列成田字形（图3–7）。

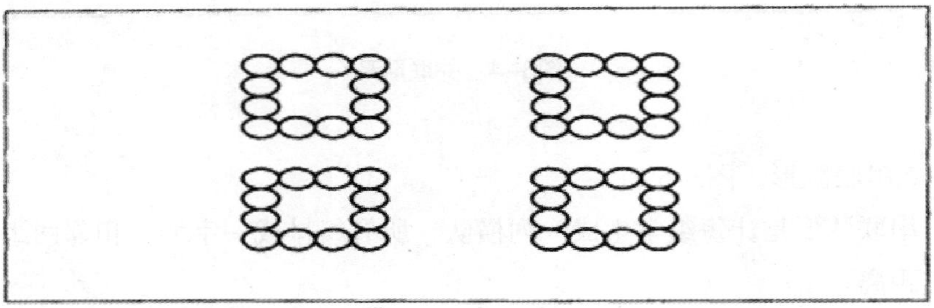

图3–7　田字队形

## 三、个别指导

学生分组练习是学生训练的主要环节，也是教练有机会进行个别指导的主要阶段。通过让每个学生都进行练习，可以让他们表现出真实的水平和能力，这有助于教练发现问题并及时纠正。个别指导教学形式的优势在于教练可以当场发现问题、指出问题并纠正问题，因此训练的效率很高。

## 四、教学比赛

教学性的比赛在体育教学中是一种非常常见的教学组织形式。体育教师通过设计，将教学、实践和考核的环节巧妙地融入比赛，这一形式无论对教学还是学习，都能起到重要的推动作用。教学比赛可以是关于单个体能素质的比赛，也可以是关于一些综合素质的比赛，总之，根据教学的实际需要，教师可以自行设计比赛的内容。通过比赛的形式，还可以有效激发青少年学生的好胜心、求知欲和学习的动力，因此在教学实践中被广泛应用。

在体能课的教学过程中，教学管理是非常重要的组成部分之一，优秀的教练会通过设计一些比赛活动来促进青少年的体能训练和发展。

# 第四节　青少年体能课教学管理

体育教师不仅要有深厚的理论知识、良好的教学能力，还应该具有较强的组织管理能力与方法。体能课是一个系统的教学过程，是体能教练和青少年学生共同构建的一个动态过程，通过科学验证的训练方法和手段，教练与青少年形成教学的默契配合方式，这实际上就是教练刻意引导的结果，是教练对体能教学的组织管理与控制。

尽管说这一过程是在教练的刻意引导下形成的，然而青少年学生仍是教学的主体，是教练组织和管理体能课的决定因素，是经过大量的互动而形成的一个双向活动空间。在这一系统中，体育教练运用自身丰富的经验和专业知识，对青少年进行有针对性的、富有个性化的体能教学，并努力达到最有效的管理和控制，获得最好的教学效益。

## 一、青少年体能课的控制变量

### （一）定性控制

定性控制是指体育教师以教学大纲为依据，综合考虑青少年学生的实际情况，再加上自己的丰富经验和客观判断来确立课堂教学目标，将课堂教学的目的和任务明确下来。只有目标切实可行，在目标的导向下控制与管理课堂教学，才能有序开展教学工作，提高教学效果。

## （二）定量控制

教练在体能课的教学过程中要做必要的量化分析与研究，尤其是要对运动负荷的量化指标和运动密度的量化评价标准进行分析，从而为体能课的教学安排提供科学依据。但是因为青少年之间存在一定的个体差异，表现在身心素质、运动水平等诸多方面，所以一些过于死板的量化指标并非适用于对全体青少年学生学习情况的衡量与评价，这就需要考虑量化指标确定性和不确定性、精确性与模糊性这两对矛盾，同时要求基于对青少年学生、教学条件、教材等诸多因素的综合考虑来分析与判断指标的合理性与适用性，既要提出可以量化的指标，又不能太绝对化，也就是要把定量控制和定性控制有机地结合起来。

采用定量控制的方式，要做到“定量到班、到组、到人”，这也是今后的一个管理趋势。一些高校体育教师在运用运动处方教学模式时，融入了因材施教、区别对待、个性化教学等理念与方法，促进了体能课堂管理中量化控制的优化与发展。然而，要完全依赖定量控制而进行课堂教学管理是有难度的，必要的时候需要体育教师利用自己的判断和丰富的教学经验来强化课堂教学质量管理。

## （三）环境控制

在体育教学中，体育教师既要创建和谐的课堂教学环境，也要不断优化室外教学环境，同时还要建立良好的师生关系，贯彻民主教学原则，形成和谐的人际环境，从而为提升体育教学效果提供全面的环境保障。

在体能课堂教学管理中，上述几方面的控制相互关联，体育教师要正确把握各个控制因素之间的相互关系，做好各方面的控制，全面加强体能课教学质量管理，实现最优课堂管理效果，通过科学有效的课堂教学管理来提升体能课堂教学质量。

## 二、青少年体能课的考核管理

### （一）体育教师对成绩考核的管理

体育教师既是体育教学成绩考核的制订者，也是具体的实施者。体育教师对成绩考核应该具有科学的教学工作计划，并根据各年级、各班级的体育教学成绩进行考核，这是体育教学管理的重要组成部分，对青少年学生的体育学习和技能提升具有重要的参考价值。

### （二）青少年学生对成绩考核的管理

青少年学生作为体育教学的主体，他们自身对成绩考核也具有自主管理的权利和义务。具体可表现为，根据考核成绩以及他人的评价，结合自我主观感受，将所有这些信息进行全面、真实的分析和整理，反思以往学习过程中自身的主要优势是什么，主要问题和不足是什么，以及对此如何修改和制订未来的学习目标和学习计划，并根据这一考核结果和学习计划，随时进行自我监督、自我管理和自我评价。

### （三）意外伤害事故管理

为了保障青少年的训练安全，学校、社会和家庭，应不时地向青少年学生进行安全教育，并做好意外伤害管理工作。比如，在课前准备中，教师应熟悉教学环境和条件，家长应叮嘱学生做好饮食卫生、运动服装的准备，青少年学生也要对自身的健康水平和情况状况有自我察觉的能力。一旦感觉不适，应及时向教师和家长反映，保证体能课在安全的条件下开展。

# 第五节 青少年体能课需要关注的问题

青少年的体能课是发展青少年身体素质和运动水平的基础课程，但是如果教学管理不当，也会给青少年带来严重的运动伤害，因此应该引起足够的重视。由于青少年群体的年龄特征，他们在自我管理和自我能力判断方面还存在许多不足，因此在开展体能课时还应特别关注以下几方面问题。

## 一、注意体能与体力、耐力的区别

体能训练不是简单的耐力训练或体力训练，速度、力量、耐力、灵敏、柔韧、弹跳等素质都是体能训练的基本内容。教学实践中，部分体育教师把耐力训练和体能训练画等号，开展体能训练就是练习耐力跑，认为青少年学生耐力好就是体能好，这种认知是片面的、错误的，因为耐力只是体能的表现形式之一。

## 二、技能与体能训练的先后顺序

对于青少年竞技体育后备人才的体能训练，应注意技能学习和体能训练的先后顺序问题。一般来说，体能训练应优于技能训练，只有具备了良好的体能基础，才能更好地发展专项技能。二者还可以结合着训练，如小强度的体能练习可适当安排在技能学习之前，但较大强度的体能练习一般需要专门安排时间进行。

## 三、严格控制体能训练的负荷

对青少年而言，发展体能要重视肌肉力量的练习，同时综合考虑体能练习的练习量与练习强度，一般应遵循“训练强度大，降低训练量；增大训练量，降低训练强度”的原则，否则，过大负荷的体能训练，有可能会给他们的身体带来严重的负担，甚至影响身体发育。因此，对青少年的体能训练应该严格控制训练负荷。另外，在课堂结尾不宜再进行大强度体能训练，应以拉伸和放松为主，促进青少年学生肌体恢复，否则会延长青少年学生身体恢复的时间，从而引起疲劳甚至伤病。

# 第四章　青少年基础体能训练方法与创新

青少年基础体能是体能训练的核心内容，本章将对力量、速度、耐力、灵敏、柔韧、协调以及平衡与稳定性等素质的训练方法分别进行研究，并对相应的素质训练创新提出一些建设性的思考。

# 第一节　力量素质训练方法与创新

力量是各项体能素质的基础，但是由于青少年的生长特殊性，因此对力量素质的训练需要结合青少年的年龄和身体发育情况而定。

## 一、力量素质训练方法

### （一）最大力量训练

1.金字塔负荷模型（图4-1）

如图4-1所示，青少年最大力量的训练负荷依次为85%×6—90%×（3～4）—95%×（2～3）—100%×1。

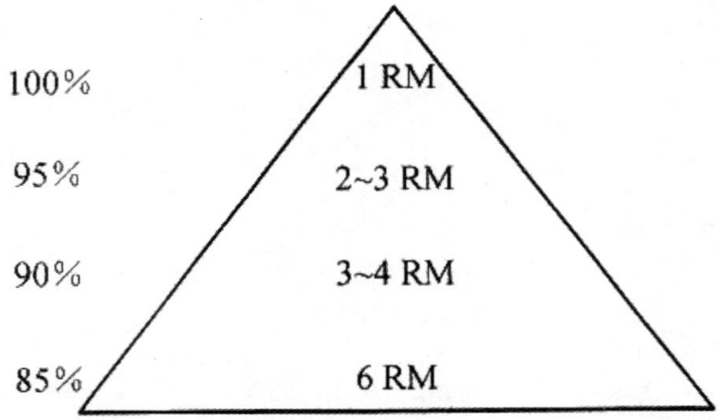


图4-1　金字塔负荷模型

2.双金字塔负荷模型（图4-2）

双金字塔训练负荷依次为80%×4—85%×3—90%×2—95%×1—95%×1—90%×2—85%×3—80%×4。训练次数和组数根据青少年个人的情况适当调整。

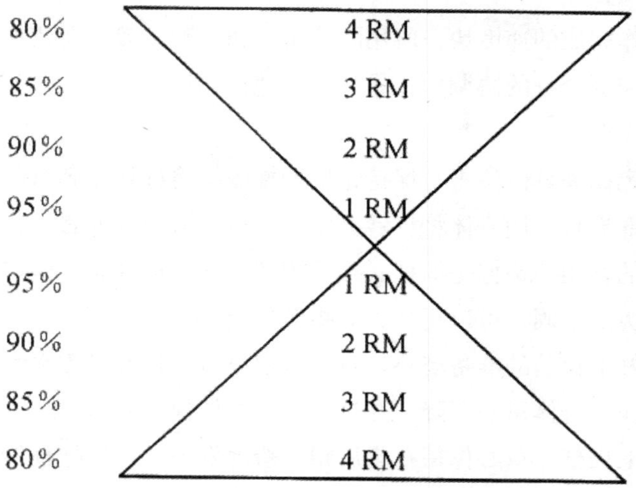


图4-2　双金字塔负荷模型

3.深蹲、卧推

负荷110%～150%，加助力推起，加保护缓慢放下。

4.仰卧直臂下压

仰卧凳上，两手持哑铃（保证重量适宜），快速直臂下压（头上），慢速直臂上摆。

## （二）爆发力训练

1.快速高拉

（1）杠铃放在地面或距离身体两侧约50厘米高的支撑物上。

（2）双脚开立，双手正握住杠铃杆，屈膝半蹲，双臂伸直，握距与肩同宽（起始动作类似于硬拉的动作）。

（3）由半蹲姿势开始，双脚用力踏地借地面反作用力，伸腿、伸髋挺直后背，腿、腰、臀、背依次自下而上爆发性发力，快速向上提拉杠铃至腰际，顺势紧接一个直立划船。

（4）恢复至初始姿势，反复练习。

注意事项：

整个动作完成的速度快，所用时间短；腿、腰、臀、背依次发力，带动上拉，注意控制全身的协调力；尽可能高地提起杠杆。

2.快速抓举

（1）确定抓握具体位置、保持正确的握姿。将杠铃靠到自己的髋部，屈膝的同时背部挺直，用身体将杠铃夹紧。然后手臂向外伸直，这个距离就是抓举时抓握的宽距。锁握是抓杠必须采用的姿势。握杠时，四指需要盖住大拇指。为了更加牢固，可以再让大拇指盖住无名指。

（2）做好上拉前的准备姿势。身体背部挺直、杠铃轻靠在大腿上，双膝向前向外弯曲，身体重心下降，并且臀部与杠铃保持同步。

（3）向上提杠。重心保持在脚后跟，蹬地发力、耸肩把杠铃上拉。杠铃紧贴身体，尽可能让脚后跟离开地面的时间拖后。

（4）翻杠。屁股向后坐，肩膀向前靠，收紧自己的背阔肌，让杠铃压在大腿上，重心在脚后跟前侧。杠铃贴着大腿向上拉，脚踝膝盖以及髋部全部拉伸，同时耸肩将杠铃提起、向上甩过头顶。控制好杠铃位置及身体重心平衡，身体向上挺起。

（5）练习。逐步降低杠铃的位置，练习上面全套的动作。并在学会标准抓举动作之后，根据自己的体重、技术掌握的熟练程度确认抓举重量，不断练习成套动作，提升爆发力。

注意事项：

整套动作连贯、快速；各身体肌群依次发力；掌握好翻肩、上推的时机。

3.连续快挺

（1）双手持杠铃，翻肩、翻腕将杠铃放于颈前，双脚前后开立。

（2）降低身体重心，双腿快速蹬地，同时双臂顺势上拉，快速上举杠铃，双腿成弓箭步直臂支撑杠铃。

（3）做连续爆发式前推动作，同时双脚协调垫步交换。

（4）当负荷较重时，可以以单次形式完成；当负荷较轻时，可多次重复进行，一般重复进行30次。

注意事项：

动作快速、连贯；下肢动作与上举动作协调配合；各肌群从下到上依次发力。

## 二、力量素质训练的创新

以往的力量素质训练都比较依赖传统的设备设施，传统设备的优点是经过长期的检验，具有相当的稳定性。然而其缺点也是比较明显的，训练的精细度还具有提升的空间，另外就是缺乏人性化设计，经过一段时间的训练之后，会让青少年产生疲劳和倦怠的情绪。

因此，对于青少年而言，借助最新的训练设备会带来有效的提升。这是对力量素质训练的重要补充和创新。

# 第二节 速度素质训练方法与创新

人体在青少年阶段，由于骨骼和肌肉的发育特性决定了此时是发展速度的最佳时期。因此，对青少年速度素质的训练应特别重视。

## 一、速度素质训练方法

### （一）反应速度的训练

1.绳梯180°转体跳

（1）身体成半蹲姿势，双脚分开，每只脚放在一个格子中，身体重心落在前脚掌。

（2）双脚跳起的同时身体在空中旋转180°，落下的时候双脚落在格子里。

注意事项：

（1）要求青少年的脚在地面时一直放在格子中，培养青少年的周边视觉能力，提高青少年的视觉观察能力。

（2）要求青少年身体始终向绳梯的同一方向移动，尽量用骨盆和下肢快速完成动作。

（3）要求青少年不断提升跳跃的速度和准确性。

图4-3为该练习方式的具体图解，以供参考。

图4-3　绳梯180°转体跳①

2.跳起转体接实心球

（1）背对接球方向，双脚紧紧夹住轻实心球。

（2）迅速跳起，用双腿将实心球抛向空中。

（3）身体落地迅速接住实心球。

（4）重复练习。

① 罗华平.现代体能理论阐析与科学化训练研究[M].北京：中国书籍出版社，2015.

注意事项：

（1）训练过程中青少年身体各个环节必须要协调配合，迅猛、连贯地完成动作。

（2）将提升反应能力培养作为训练重点。

图4–4为该训练的具体图解，以供参考。

图4–4　跳起转体接实心球

3.弓箭步快速接实心球

（1）两人一组，相对站立，中间相隔3～4步的距离。

（2）一人双手持实心球，一条腿屈膝、屈髋向前迈并缓缓落地。

（3）前面腿的大腿与地面平行，膝关节弯曲90°，并且不能超过脚尖的垂线。

（4）在脚落地之前将手中的球传给同伴，接球时前面的脚蹬地恢复开始时的姿势。

（5）重复练习。

注意事项：

要求青少年在训练时保持弓箭步姿势，尽力维持身体平衡。

图4–5是该练习的具体图解，以供参考。

图4-5　弓箭步快速接实心球

## （二）动作速度的训练

1.摆臂练习

（1）双腿并拢站立。

（2）上肢做短跑摆臂姿势，肘关节成直角，不断做前后摆臂动作。

（3）当手臂摆到身体正面时，手臂的高度大约和肩部持平；当手臂摆到身体后面时，手臂的位置大约和臀部持平。

（4）重复练习。

注意事项：

（1）进行摆臂练习时，要求青少年每一次的摆臂动作都做到标准。

（2）在保证动作准确性的基础上不断提高动作速度。

图4-6为该训练的具体图解，以供参考。

图4-6　摆臂练习

2.俯卧撑撑起击掌练习

（1）身体成一条直线，做俯卧姿势，依靠双脚和双手支撑起身体的重量。

（2）做俯卧撑动作：双臂屈肘使身体下落，双臂快速伸直，使身体上升，这个过程的用时要短，速度要快。

（3）身体上升的同时快速起身并做击掌动作，然后迅速恢复开始时的姿势。

（4）重复练习。

注意事项：

（1）训练开始时要求青少年全身伸展成一条直线，并保持平衡。

（2）训练过程中要坚持利用肘部发力，锻炼肩部和手臂上半部分的肌肉。

（3）青少年必须要以较快的速度完成动作。

图4-7是该训练的图解，以供参考。

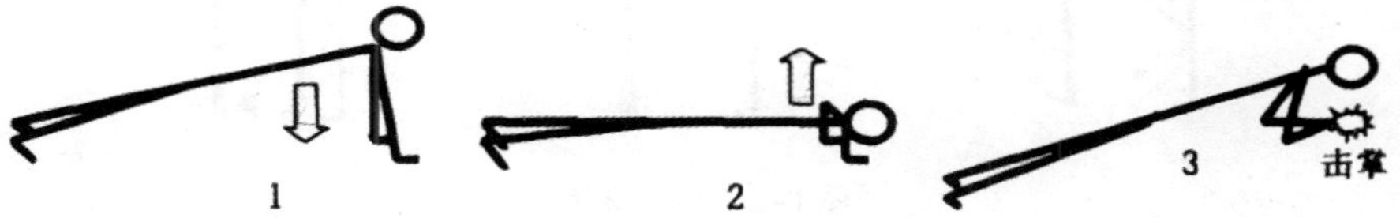


图4-7　俯卧撑撑起击掌练习

3.快速滑动俯卧撑练习

（1）青少年趴在球上，用髋部压住球。

（2）双手代替双脚，交替发力，使身体向前移动，注意身体依旧压在球上，只是压球的部位发生变化。

（3）身体移动到双脚压在球上时停止向前滑动，然后保持姿势不变，做俯卧撑动作。

（4）身体压在球上向后滑动，恢复开始时的姿势。

（5）重复练习。

注意事项：

（1）在整个训练过程中，青少年的身体必须处于伸直的状态。

（2）可以通过提起一条腿或者以双手和一条腿在球上支撑完成俯卧撑的方式来增加训练的难度。

4.脚回环练习

（1）一只脚抬起，单脚支撑身体的重量，同时用手扶住物体帮助身体保持平衡。

（2）抬起的那只脚以短跑动作进行回环练习。

注意事项：

（1）要求青少年在练习过程中回环拍击臀部，以扒地动作结束。

（2）脚的回环动作路线在身体前面。

图4–8是该训练的具体图解，以供参考。

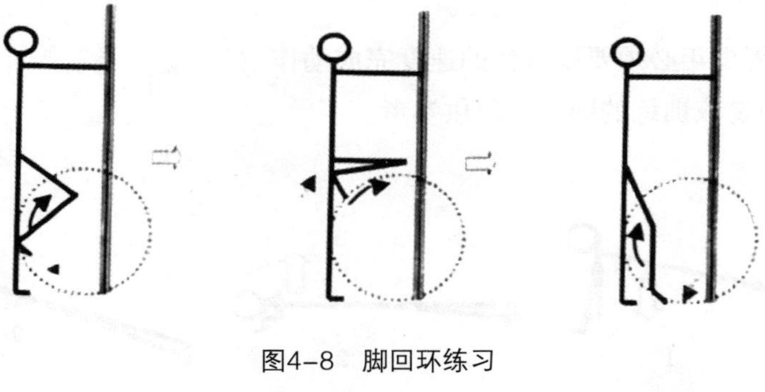

图4–8　脚回环练习

## （三）移动速度的训练

1.后踢脚练习

（1）做慢跑动作。

（2）腿向后摆时，摆动的幅度要大，有一定高度，需要达到能用摆动腿的脚跟拍击臀部的高度。

（3）膝盖在腿向后摆动时用力向前上方摆动。

（4）重复练习。

注意事项：

（1）在青少年自身现实状况的基础上，要求尽量加快步频。

（2）要求青少年的上身在训练的过程中始终保持挺直的状态。

图4–9为该训练的具体图解，以供参考。

图4–9　后踢脚练习

2.跑步动作平衡练习

（1）身体做最高时速时的跑步动作，左腿为支撑腿，并且左腿膝关节弯曲成直角，做微蹲姿势。

（2）右腿抬起，抬起的高度为脚踝基本和臀部持平。

（3）左手上抬，高度和肩部持平，右手下伸，高度和髋部持平。

（4）重复练习。

注意事项：

（1）青少年每次练习至少保持该姿势20～60秒。

（2）还可以通过站在重心不稳的海绵垫上练习或者负重练习等方式来增加训练的难度。

图4-10为该训练的具体图解，以供参考。

图4-10　跑步动作平衡练习

3.折叠腿大步走练习

（1）身体保持短跑时的姿势。

（2）做摆臂大步走动作。

（3）抬腿的幅度要大、要高，充分屈膝，将脚抬高到接近臀部的位置，并且将脚尖翘起。

（4）重复练习。

注意事项：

（1）在练习过程中，要求青少年每次都将腿摆到最高的位置。

（2）要求支撑腿快速蹬地，为大步走发力，加快脚步频率。

图4-11为该训练的具体图解，以供参考。

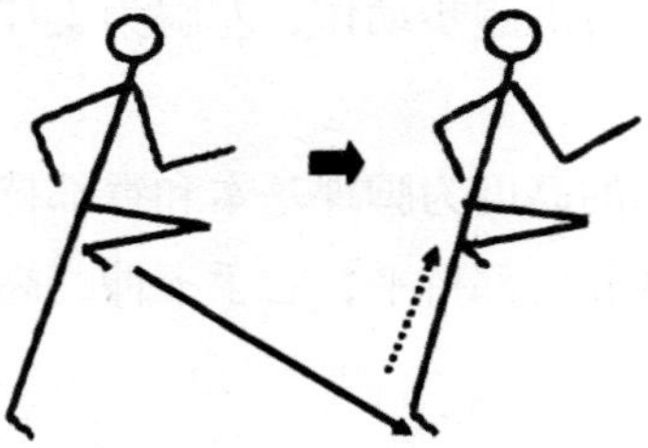

图4-11　折叠腿大步走练习

4.踮步折叠腿大步走拉胶带

（1）在双脚的脚踝上粘上胶带，胶带一头在脚踝上，一头固定在地面上。

（2）与折叠腿大步走相同，但后蹬腿需加上踮步。

（3）身体腾空时摆动腿充分折叠。

注意事项：

注意调动腿部的爆发力完成伸髋和下落扒地动作，髋部向前推进的速度要快。

图4–12为该训练的具体图解，以供参考。

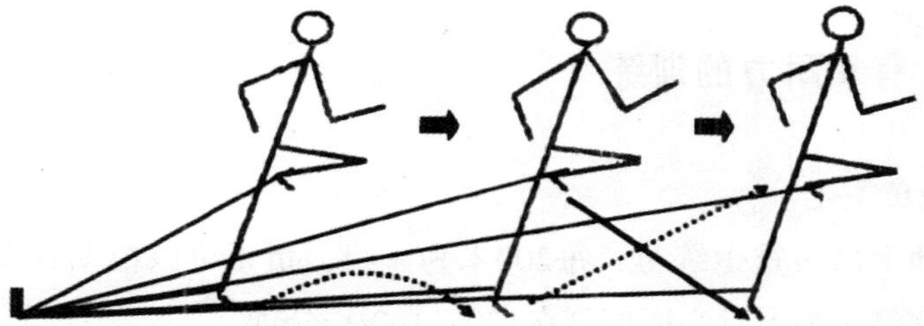

图4–12　踮步折叠腿大步走拉胶带

## 二、速度素质训练的创新

大强度的跳跃训练可以增强臀部、股四头肌以及小腿肌群的力量，从而为提高速度做好准备。通常采用反复跳跃、增加负荷的方式进行。

另外，增加手臂和腿部的协调性，使腿和手臂的动作达到最佳的配合，也是提升速度的一种创新训练方式。

# 第三节　耐力素质训练方法与创新

发展耐力素质需要在青少年成长后期进行，当他们的力量、速度、柔韧等素质都得到很好的发展之后再进行耐力素质训练。因此，在早期不对青少年的耐力素质提出过高要求。

## 一、耐力素质的训练方法

### （一）有氧耐力的训练

1.沙地负重走

在沙地上做负重走练习，每200米为一组，负重可以根据青少年自身的水平灵活调整。练习时心率控制在130～160次/分钟。

2.负重连续跳

负重做连续跳跃练习，可以原地轻跳，对于大体重的青少年建议做提踵练习，以免伤害膝盖。每30～50次为一组，练习3～5组。

3.双摇跳绳

原地做双摇跳绳练习，连续跳30～40次为一组，中间若间断不计，重新开始。心率恢复到120次/分钟以下时继续练习。

4.连续跳深

站在高60～80厘米的台阶上向下跳，落地后接着迅速跳上高30～50厘米的台阶。连续跳20～30次，重复练习。

5.连续跳栏架

双脚起跳连续越过20个高30～40厘米的栏架，往返一次为一组，共8～10组。

6.5分钟以上的跳舞

如健美操、迪斯科等，连续跳5分钟以上。间歇5～8分钟后继续练习。

强度40%～60%。

### （二）无氧耐力的训练

1.反复跑

进行100米或150米的反复跑练习。每组3～5次，重复4～6组。

2.计时跑

长于专项距离的计时跑或短于专项距离的重复计时跑。重复次数根据跑距而定。

3.水中间歇高抬腿

水中间歇高抬腿是借助水的阻力增加训练的难度，训练时选择一个适宜的浅水池，最好是水位比受训青少年的腰部略低一点，高抬腿的时候正好使大腿露出水面。然后每人原地高抬腿100次为一组，根据体能情况重复4～6组，每组之间休息3分钟。

4.分段变速游泳

变速游泳，每50米变速一次，游完250～300米为一组，共4～5组，间歇10分钟，强度65%～75%。

5.水中短距离间歇游

50米、100米等不同距离组合的间歇游。间歇2～3分钟，强度60%～70%。

6.水中追逐游

两人相距3～5米同时出发追逐游，50米后往返，强度65%～75%。两人泳姿应一致。

## 二、耐力素质训练的创新

针对青少年的耐力素质训练应注重借助先进的设施设备，因为青少年的耐力还未到黄金发展期，训练负荷要适量，训练时间也不宜过长，因此，只有借助科学的手段，才能保证耐力训练处于合理性的范围内。另外，在训练方法上应增加趣味性和竞赛性，比如多采用游戏的方式，这样既能激发青少年的训练热情，又不会因训练过于枯燥而无法坚持。

# 第四节　灵敏素质训练方法与创新

## 一、灵敏素质的训练

### （一）徒手训练

1.单人训练

弓箭步转体、立卧撑跳转体、屈体跳、腾空飞脚、跳起转体、快速后退跑、快速折回跑等训练。

2.双人训练

障碍追逐、过人、模仿跑、撞拐等双人训练。

### （二）器械训练

1.单人训练

单人训练包括各种形式的个人运球、顶球、颠球、双杠转体跳下、翻越肋木、钻栏架、钻山羊，以及各种球类运动、体操运动的专项技术动作训练。

2.双人训练

各种形式的传球、接球、抢球、接球翻滚等，以及双杠杠端支撑跳下换位追逐、肋木穿越追逐等训练。

## 二、灵敏素质训练的创新

青少年大约在10岁之后神经系统发育成熟，特别是对一些精微动作的掌握能力明显增强，此时是发展灵敏素质的重要时期。对灵敏素质训练的创新，一般还是通过结合多种器械，以及通过设计更加多元的组合动作来实现的。实际上针对青少年灵敏素质训练的创新，主要是在设计训练方法时能够灵活结合生活中的实际场景，设计一些有趣的训练游戏，通过游戏的形式进行训练。

# 第五节　柔韧与协调素质训练方法与创新

## 一、柔韧素质的训练

### （一）颈部柔韧训练

1.静力性练习

一般方法是使头部尽可能屈、伸、侧倾至最大限度，然后维持一段时间的静止状态。

2.动力性练习

头部在尽可能大的活动范围内做绕环运动，或练习者双手托下颌，头部向左、右转动。

## （二）肩关节柔韧训练

1.静力性练习

采用正、反、侧三个面的压肩、控肩、搬肩练习。

2.动力性练习

双手握棍进行转肩练习，或借助弹力带做拉肩、转肩及抡臂练习。

## （三）肘关节柔韧训练

1.静力性练习

屈肘、反关节压肘至最大活动范围，并维持一段时间。

2.动力性练习

最常用的方法是做肘部绕环运动，首先固定肩关节的活动，然后使上臂保持在一个水平面上，以肘关节为轴做绕环练习。

## （四）腕关节柔韧训练

1.静力性练习

采用屈腕和伸腕至最大活动范围并维持一段时间的静止练习。

2.动力性练习

采用手腕绕环运动、抖腕运动等练习。

## （五）腰部柔韧训练

1.静力性练习

主要方法有下腰和控腰两种，注意缓慢用力。

2.动力性练习

采用腰绕圈、扭腰等方法练习，同样需要注意不要用力过猛。

## 二、协调素质的训练

（1）一对一背向互挽臂蹲跳进、跳转。

（2）模仿对方动作，两人交替给出动作样本。

（3）两人头上拉手向同方向连续转。

（4）移动脚步训练。例如，前后、左右、交叉的快速移动，单脚为轴前后、转体的移动，左右侧滑步、跨跳步的移动。

## 三、柔韧素质训练的创新

PNF方法最初是应用在医疗康复中的治疗方法，长时间的临床和研究证明，PNF方法对肌肉的机能和柔韧性有显著的改善作用，同时也有专家研究证明这种方法的柔韧训练效果高于静力性和弹性训练，因此，在国外的体育训练过程中被广泛采用。PNF牵拉法主要由四个阶段组成：简单缓慢的肌肉拉伸5秒—阻力性的逆方向肌肉等长收缩6秒—5秒放松—15秒阻力拉伸，整个过程的持续时间为30秒，需要反复练习，同时也可适当增加动作强度。PNF训练方法可以改善和弥补静、动力性拉伸训练方法的不足之处，在柔韧训练的过程中增加了5秒的肌肉放松休息时间，可以减轻肌肉的疲劳感；在训练中缓慢进行，适当增加动作幅度，避免动作过激造成运动损伤。

# 第六节 平衡与稳定性训练方法与创新

## 一、平衡训练

### （一）单足站立

训练方法如下：

（1）自然站立，一腿屈膝抬起，使脚尖朝下，支撑腿同侧手抓握上抬腿的踝关节。

（2）保持单腿站立姿势30秒。

（3）两腿交替上抬练习。

### （二）直线单脚跳

训练方法如下：

（1）在地上画若干条线，色彩鲜亮以便识别，相邻两线之间相距适宜距离。

（2）站在一端单脚依次跳到另一端，避免踩线。

（3）两腿交替练习。

变换练习：

增加难度进行练习，如增加膝关节的弯曲角度；增加间隔距离；单脚跳跃每次落地后静止片刻，上身不能晃动。

## 二、稳定性训练

### （一）提臀

训练方法如下：

（1）准备姿势，仰卧在垫子上，双臂放在身体两侧保持身体的平衡。小腿向上伸并垂直于地面。

（2）开始练习时用臀部发力向上提臀伸腿，使臀部抬起，同时屈腹。

（3）伸到最高处之后，有控制地还原准备姿势。

每组10次，连续做 6组。

### （二）反向起坐

训练方法如下：

（1）平躺在瑜伽垫上，屈膝，双手放在身体两侧协助身体保持平衡。

（2）收紧核心力量，保持良好的屈腹姿势。

（3）缓慢抬腿，使膝关节向胸部靠近，然后两腿还原，膝关节弯曲角度始终不变。

每10个为一组，共做6组。

## 三、平衡与稳定性的训练创新

平衡与稳定性是人体体能素质的一个综合体现，因此，在训练中除了进行常规的平衡能力训练之外，更多的是均衡发展几项体能素质，并适时地在训练中增加对几种素质能力的综合训练，其中比较重要的一点就是结合专项的需要，对青少年的平衡能力和稳定性进行训练。

# 第五章　青少年运动员专项体能训练与创新

青少年运动员是我国竞技体育发展的核心力量，对他们的培养将直接影响我国竞技体育事业的发展。我国在竞技体育人才培养方面还处于不断探索的阶段，对青少年运动员的专项体能训练是竞技运动训练的重点内容之一。本章将从青少年田径运动员专项体能训练与创新、青少年球类运动员体能训练与创新、青少年健美操运动员专项体能训练与创新、青少年游泳运动员专项体能训练与创新、青少年体育舞蹈运动员专项体能训练与创新，以及青少年武术运动员专项体能训练与创新几个方面展开研究。

# 第一节　青少年田径运动员专项体能训练与创新

## 一、中长跑项目专项体能训练

### （一）力量训练

1.快速力量练习

（1）起动力练习

楼梯跑、沙地跑、上（下）坡跑、负重加速跑、站立式起跑（短程）、顺风跑、牵引跑等。

（2）爆发力练习

练习手段有快挺、卧推、立定跳、提踵、深蹲、高翻、半蹲等，强度30%～50%，（3～5组）×（5～10次），练习时动作速度要快。

2.最大力量练习

练习内容有半（全）蹲、快挺、高翻、负重交换跳/提踵/高抬腿/体前屈/转体等。

采用上述练习内容时，练习方式主要有以下几种。

（1）重复法

强度75%～90%，完成6～8组，每组3～6次，间歇3分钟。

（2）精力训练法

强度70%～90%，完成3～6组，每组4～6次，间歇3分钟。

（3）极端用力法

强度50%～75%，完成3～5组，每组10～12次，间歇3～5分钟。

（4）强度法

强度85%～100%，完成6～8组，每组1～3次，间歇3分钟。

3.力量耐力练习

（1）上坡跑。

（2）循环练习法。

（3）电刺激练习法等。

## （二）速度训练

1.反应速度练习

（1）听信号站立式起跑练习，距离30米，重复10次。

（2）听信号俯卧起跑，距离30米，重复10次。

（3）听信号仰卧起跑，距离30米，重复10次。

（4）看手势反复移动跑。

（5）练习者紧闭双眼，同伴在其周围放小的标志物，如海绵垫等，然后在远处击掌，练习者迅速睁眼寻找标志物。

2.动作速度练习

在中长跑动作速度练习中，练习时间与能量供应系统规定的时间有关，以提升跑速为目的的练习，每次练习时间不短于30秒，以提升专项速度为目的的练习，练习时间依据练习内容和练习方式而定。

中长跑动作速度练习方法如下。

（1）高抬腿、快速摆臂、各种跳等练习，这些练习都要规定时间。

（2）练习各种跳，每一种跳的方式都要规定次数。

（3）仰卧高抬腿，加快速度。

（4）原地支撑后蹬跑，加快频率。

## （三）耐力训练

1.重复跑

重复跑练习既能锻炼速度，也能促进专项耐力的提升。在中长跑耐力训练中选择重复跑练习方式时，练习距离可以根据情况而不断增加，因此说练习距离范围很广，既可以进行1000米以内的重复跑练习，也可以进行几千米的重复跑练习，甚至高水平练习者可以进行1万米的重复练习。

采用重复跑练习方式时，要注意所选段落不能比专项距离长，进行超长距离练习时，所选段落只要超出专项距离几百米就可以了，不宜超得太多。重复跑的距离比较长，为了避免过度疲劳，促进恢复，组间间歇时间也要适当延长，一般以10～20分钟为宜。

重复练习的运动处方可参考表5-1。

**表5-1　重复训练参照表①**

| 练习目的 | 练习强度 | 练习时间 | 间歇时间 | 重复次数 |
|---|---|---|---|---|
| 提高有氧耐力 | 最大强度、大强度 | 8～15分钟 | 中、长 | 少 |
| 提高无氧耐力 | 极限强度、最大强度 | 2～100秒 | 短 | 少 |
| 提高混合耐力 | 最大强度、大强度 | 2～10分钟 | 中 | 少 |
| 提高专项耐力 | 大强度 | 15秒～1分钟 | 长 | 少 |
| 提高专项速度 | 最大强度、大强度 | 15～30秒 | 短、中、长 | 少 |

2.持续跑

持续跑练习中，强度以最大负荷的60%～70%为宜，每次至少持续半小时。练习处方参考表5-2。

**表5-2　持续训练参照表②**

| 练习目的 | 持续时间 | 强度 | 心率（次/分） |
|---|---|---|---|
| 恢复体力 | 30～50分钟 | 小强度 | 120～150 |
| 提高有氧耐力 | 50～90分钟 | 中等强度 | 150～180 |
| 提高力量耐力 | 不能再做为止 | 小、中等强度 | 120～150～180 |
| 提高承受大负荷的能力 | 90～120分钟 | 小、中等强度 | 120～150～180 |

① 龙春生.体能训练法[M].沈阳：辽宁大学出版社，2009.

② 王佳，沈阳，陆永华.基于健身目的的体能训练理论与方法[M].长春：吉林大学出版社，2011.

3.间歇跑

采用间歇跑的方式锻炼耐力时，要注意完成第一次练习后不宜间歇太长时间，不能等身体完全恢复了再进行下一次练习，而应在身体没有完全恢复的状态下开始新的练习，练习处方参考表5–3。

表5–3 间歇训练方式①

| 练习目的 | 练习时间 | 练习强度 | 间歇时间 | 重复次数 |
| --- | --- | --- | --- | --- |
| 提高有氧耐力 | 8～15分钟 | 小强度 | 长 | 较少 |
| 提高无氧耐力 | 8～2分钟 | 最大强度或大强度 | 短 | 多 |
| 提高混合耐力 | 2～8分钟 | 中等强度 | 中 | 中 |
| 提高专项耐力 | 8～15分钟 | 大强度 | 短、中、长 | 少、中、多 |
| 提高力量耐力 | 8～15分钟 | 中等强度 | 短、中、长 | 多 |

### （四）柔韧训练

针对中长跑后备人才的柔韧训练，主要是发展肩部、腿部、臂部和脚部的柔韧性，主要手段有压、搬、劈、摆、踢、绷及绕环等练习。

## 二、短跑项目专项体能训练

### （一）力量训练

1.上肢力量练习

（1）俯卧撑，每组40次左右，共3组。

① 王佳，沈阳，陆永华.基于健身目的的体能训练理论与方法[M].长春：吉林大学出版社，2011.

（2）持哑铃摆臂，每组80次左右，共3组。

（3）拉力器练习，每组8～10次，共3组。

（4）杠铃平推，每组10～15次，共4组。

（5）杠铃卧推，每组10～15次，共4组。

2.躯干力量练习

（1）负重俯卧挺身，强度50%，每组10～15次，共3组。

（2）负重仰卧起，强度40%，每组5～10次，共2组。

（3）负重体前（侧）屈，强度30%～40%，每组10～15次，共5组。

3.腿部力量练习

（1）深蹲，强度80%，每组5次，共5组。

（2）负重提踵，强度80%，每组8次，共5组。

（3）半蹲跳，强度60%，每组8次，共5组。

（4）垫上俯（仰）卧屈小腿，每组每侧腿各30～50次，共4组。

（5）拖重物跑，强度40%，每组20次，共5组。

4.全身爆发力练习

（1）抓举，强度60%，每组6次，共5组。

（2）挺举，强度80%，每组6次，共5组。

（3）连续快挺，强度60%左右，每组8次，共5组。

（4）高翻，强度80%左右，每组8次，共5组。

## （二）速度训练

1.位移速度练习

（1）站立式起跑，用最大强度跑30米、50米、80米、100米，距离逐渐增加。

（2）蹲踞式起跑，用最大强度跑30米、50米、60米，距离逐渐增加。

（3）加速跑，距离80～120米，最后加速到极限强度。

（4）行进间跑，用最大强度跑20～50米，距离逐渐增加。

（5）两人一组追逐跑，距离30～60米。

（6）加助力跑，如顺风跑、下坡跑，距离灵活设置。

（7）加阻力跑，如上坡跑、负重跑，距离灵活设置。

（8）测验跑、检查跑，形式多样。

2.反应速度和动作速度练习

（1）篮、足、排等球类运动练习。

（2）听信号起跑练习。

（3）锻炼反应能力的游戏练习。

（4）快速摆臂练习，持续5～20秒。

（5）高频率小步跑30米。

（6）快速高抬腿跑或半高抬腿跑，跑的形式有多种，持续5～10秒。

（7）快速单足跑，距离30～60米。

（8）快速跨步/后蹬跑，距离50～100米。

## 三、跳远项目专项体能训练

学生参加跳远运动，要在高速助跑的基础上快速有力地起跳，最后落在距离起点一定距离的位置。这对学生的力量、速度、反应能力等都提出了很高的要求，而且要求学生神经肌肉协调性好，在起跳时能够将全身力量汇集到一起，达到一定的远度。在跳远训练中，关键要通过加快速度、完善技术来取得理想的运动成绩。

田径运动中的跳远项目具有跑跳结合的特征，学生参与这项运动，要具备良好的体能素质，包括力量、弹跳爆发力、反应速度以及灵敏和协调能力等。因此学生在跳远专项体能训练中，既要全面发展一般身体素质，又要特别重视快速起跳能力和速度的提升。只有拥有良好的专项身体素质，才能既跑得快，又跳得远。

下面主要分析跳远项目的专项力量、专项速度和专项灵敏与协调性训练方法。

## （一）力量训练

1.绝对力量练习

（1）上肢力量练习

利用器械进行挺举、抓举、哑铃摆臂等练习。

（2）下肢力量练习

负重条件下进行体前屈、全蹲、半蹲、快蹲等练习。

（3）腰腹肌力量练习

负重条件下进行仰卧起坐/举腿等练习。

2.快速力量练习

练习方式主要有单/双脚跳、纵跳、跳台阶、跳栏架、障碍跳、跨步跳等。学生既可以徒手练习，也可以手持杠铃或脚绑沙袋等进行负重条件下的练习。

3.弹跳爆发力练习

弹跳力对跳远运动的参与者来说是一种综合力量，学生应该结合跳远的技术动作结构和专项特征进行弹跳爆发力训练。在练习过程中要注意以爆发的速度完成动作，在快速运动中要保持身体平衡，身体协调用力帮助完成由跑到跳的运动形式的转换。反复练习跳远技术也是锻炼弹跳爆发力的有效手段。

跳远专项弹跳爆发力的训练方法如下。

（1）触胸跳练习，跳起后尽量让膝盖靠近胸部。

（2）跳起后腿向前伸。

（3）跳起后两腿前后分开。

（4）两脚交替进行长短距跨步跑练习。

（5）快速收腹举腿。

（6）跳跃跑，跑跳过程中向前踢腿。

（7）将实心球夹在两脚间，起跳将球抛向前上方。

## （二）速度训练

跳远专项速度训练中，以绝对速度训练为主，在绝对速度练习中也要注意对快速起跳能力、速度耐力的锻炼。学生要结合跳远项目的技术特点来加强速度素质训练，以理想的速度完成完整的跳远技术动作过程。

跳远专项速度训练方法如下。

1.跑的练习

按短跑的技术动作要求完成练习。

2.反复跑

反复跑的距离要适宜，在跑的过程中，因为跑段比较长，学生可能因为比较紧张或用力不当而出现动作变形、不规范的问题，因此必须严格要求动作的准确性，使身体在相对放松的情况下进行练习。

3.行进间计时跑

跑的方式有在平坦的跑道上跑或在下坡路段上跑，也可以将两种方式结合起来。

在平道上跑时，注意动作的准确性，按短跑的技术要求跑，对本体感觉和速度节奏感予以体会。

在下坡路段上跑时，身体要适度放松，步长稳定，转入平道前的最后技术要求速度快、频率高、重心高。

4.全程跑（控制间歇）

要求跑得既快（速度快）又准（动作正确），次数为8次左右，合理安排间歇。

练习中，助跑阶段要达到一定的速度，体会速度感，最高速度应在上板前就达到。

5.踏标记跑20～30米

（1）练习过程中，在以正常的步长助跑12～14步后，步长增加5厘米，然后以增加后的步长跑10～15步，对步长与步频在高速跑动中的统一与协调予以体会。

（2）练习过程中，在以正常的步长助跑12～14步后，步长缩短5厘米，然后以缩短后的步长跑15步，快跑途中要求“三高”，表现为重心高、步频高和速度高。

### （三）灵敏与协调训练

学生参加跳远运动，要有良好的平衡能力与空间感觉能力，这是保持良好跳跃节奏和顺利完成技术动作的基础条件。因此学生要结合专项特点有针对性地进行灵敏与协调能力训练，方法如下。

（1）操类活动练习，发展协调、平衡能力。

（2）球类练习，提升反应能力。

（3）技巧练习，提升空间定向能力。

（4）活动性游戏练习，提升灵敏和协调能力。

## 四、跳高项目专项体能训练

跳高技术最突出的特点是快速，这体现在助跑、起跳、过杆等各个环节，快速不仅要求动作速度快，对快速力量、动作幅度也有要求。在跳高运动中，运动员的体能水平主要取决于起跳时肌肉爆发用力的功率，而肌肉收缩的力量与速度水平又决定了肌肉爆发用力的功率。因此，跳高体能训练要特别重视力量训练和速度训练，力量和速度是直接影响跳高技术质量和跳高成绩的体能因素。设计跳高专项体能训练方法时，各项练习的动作用力方式、动作幅度等要与跳高技术动作保持一致。

下面具体分析跳高项目专项体能训练的内容与方法。

### （一）力量训练

1.徒手练习

（1）助跑跳远、立定跳远、单脚跳等跳远练习。

（2）助跑跳上、助跑摸高、纵跳摸高等跳高练习。

（3）双脚跳高凳、跳栏架等跳深练习。

2.器械练习

借助器械进行练习，如持哑铃抡摆、蹲跳、前后抛；负重全蹲、抓举等。跳高专项力量训练中要注意以下几点。

第一，要求动作准确，动作速度快。

第二，合理安排练习次数、组数和间歇时间。

第三，器械重量适宜。

第四，将徒手练习、负重练习等不同的练习方式结合起来进行组合练习。

第五，练习方式要与学生的实际情况相符。

第六，在负重条件下注意动作的速度和准确性，防止动作变形。

## （二）速度训练

跳高专项速度训练的内容包括助跑速度、起跳速度和过杆速度，各自训练方法如下。

1.助跑速度练习

助跑速度通常包括三个方面，分别是平跑速度、弯道跑速度和弧线跑速度。在助跑速度训练中，要增强加速意识和节奏感，为助跑与起跳的连贯衔接打好基础。下面仅介绍平跑速度练习方法。

在平跑速度训练中，练习目的不同，练习方法也不同。常见练习目的及对应的练习方法如下。

（1）提高平跑速度：行进间跑、加速跑、反复跑，距离30～60米。

（2）改进跑的节奏：跳远练习（助跑7～9步）；跨栏跑练习，根据学生的能力决定栏高、设置栏间距离。

（3）改进平跑技术：高抬腿跑、小步跑、车轮跑等练习。

（4）提高跑的能力：重复跑、高抬腿跑、原地摆臂，将徒手练习和负重练习结合起来。

平跑练习中，要求动作放松自然、准确到位，体会接近跳高助跑的节奏。

2.起跳速度练习

（1）蹬伸速度

①原地纵跳摸高。

②助跑摸高/跳远。

③跳深练习。

④连续跨栏或从跳高凳。

（2）摆动速度

①助跑起跳膝触高物。

②连续上步摆腿、摆臂跳起。

③负重原地摆臂、摆腿练习。

3.过杆速度练习

（1）利用助跳板进行助跑过杆练习。

（2）双杆练习等。

## （三）灵敏与协调训练

学生参与跳高运动，要掌握跳高技术动作，并不断熟练和完善专项技术，就要有良好的灵敏和协调能力。灵敏性和协调性是综合能力，是各方面能力的综合表现，而不是特指某一方面单独存在的能力。身体灵敏与协调能力是指人在客观条件突然发生变化时能够迅速、准确地改变身体运动并依然保持身体平衡的能力。在跳高专项灵敏与协调能力的训练中，必须结合跳高的专项技术来进行练习，并与其他专项体能素质的训练有机结合，从而促进灵敏与协调等综合能力的提升。

学生可以通过参与球类运动、操类运动、武术运动、各种跑跳结合的练习以及单双杠技巧练习等来发展自己的灵敏和协调能力，从而为熟练掌握跳高技术、提高跳高技能水平打好基础。

## 五、铁饼项目专项体能训练

掷铁饼运动是一个速度力量性项目，这项运动以力量为基础、速度为核心，因而专项力量和专项速度的训练很重要。铁饼专项体能训练是一个整体系统，要发展各个专项素质。随着掷铁饼技术的不断发展，对参与者专项体能的要求也越来越高，学生参与这项运动，除了要有良好的爆发力和动作速度外，空间感觉能力和平衡能力也要达到一定的要求，如此才能在高速旋转中顺利掷出铁饼。

下面重点对掷铁饼项目的专项力量、专项速度以及专项灵敏和协调性的训练方法进行分析。

### （一）力量训练

1.原地连续挥片

身体充分扭紧时开始发力。以右腿、右髋的转动为主。投掷臂充分伸展、大幅度摆动（图5–1）。

图5–1　原地连续挥片

2.仰卧单臂挥片

两腿固定，坐在山羊上转体后仰下摆铃片，躯干充分扭紧（图5–2）。

图5-2　仰卧单臂挥片

3.原地鞭打标志物

右手持小竹条，从最后用力预备姿势开始鞭打标志物（图5-3）。

图5-3　原地鞭打标志物

## （二）速度训练

（1）加速跑、行进间跑、短跑、沙地跑、草地跑等各种距离跑的练习。

（2）借助轻器械完成各种跑的练习，如负重加速跑、变向跑、计时短跑等。

（3）利用橡皮筋做后蹬跑、跨步跑等牵引跑练习。

（4）听信号应答练习、接力比赛。

（5）快速交叉转髋。

（6）助跑跳远、助跑跳高、助跑起跳+转体练习等。

（7）选择重量轻的实心球进行投掷练习。

（8）做完整的掷铁饼技术练习。

### （三）灵敏和协调训练

掷铁饼运动对人的灵敏性和协调性有较高的要求，因此在专项体能训练中不能忽视这方面身体素质的训练。通过专项灵敏与协调能力训练，提高空间感觉能力和平衡能力，对旋转后顺利将铁饼掷出很有帮助。提高灵敏和协调性的训练手段如下。

（1）各种球类练习。

（2）健美操练习。

（3）花样跳绳练习。

（4）借助栏架进行专门的过栏练习。

（5）追逐游戏练习。

## 六、铅球项目专项体能训练

推铅球时，身体横向转动能够使身体肌肉力量得到充分发挥，身体肌肉力量发挥的程度与躯干转动角度有关，角度越小，身体力量越能得到充分发挥。铅球的远度是由出手的角度决定的，所以在铅球专项体能训练中要充分考虑如何改善身体用力角度和铅球出手角度的问题。

专项体能素质水平和专项技术水平是决定推铅球成绩的关键，在体能训练中要结合专项技术特点和技术提升的需求来设计专项训练手段，从而通过专项力量、速度、柔韧、灵敏及协调等专项体能的训练来有效提升健康水平与运动技术水平，进而提高铅球运动成绩。

### （一）力量训练

下面重点介绍背向滑步推铅球的力量训练方法。

1.原地推壶铃

投掷臂持壶铃腹侧置于肩上，做最后用力前预备姿势。右腿、右髋迅速发力将壶铃推出（图5–4）。

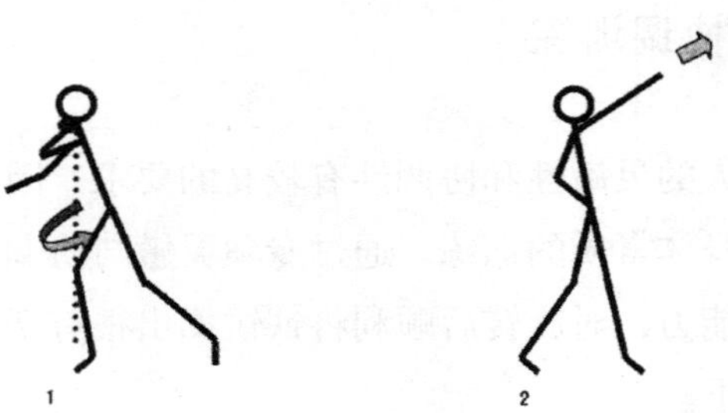


图5-4　原地推壶铃

2.持球连续滑步

持球后体前屈，右腿后蹬与左腿后摆配合发力，沿直线连续滑步（图5-5）。

3.蹬转摆片

双手持杠铃片做最后用力前预备姿势，手臂伸直，右脚蹬转推动右髋转动伸展。将杠铃片举至头上方，身体呈反弓状，右腿支撑身体重心。重复练习（图5-6）。

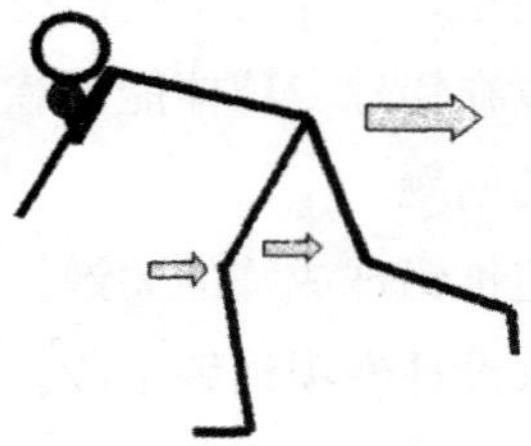

图5-5　持球连续滑步

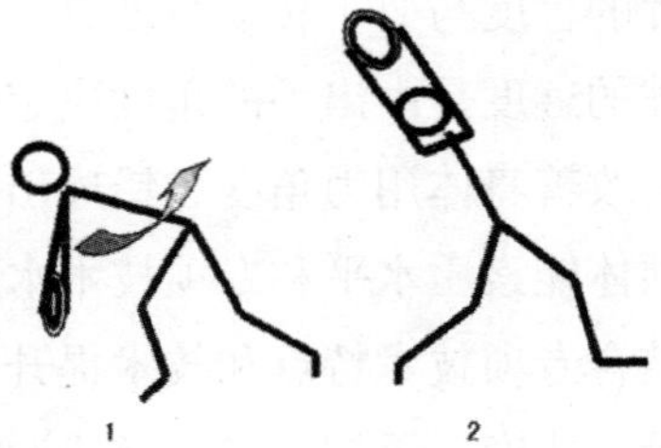


图5-6　蹬转摆片

## （二）速度训练

铅球运动专项速度训练是体能训练的核心内容，这是由铅球项目的特征决定的。在专项速度训练中要考虑如何在发挥力量的基础上使速度得到最大限度的提升，如何实现由专项力量向专项速度的转换。

学生要结合铅球专项技术特征进行速度训练，尤其是动作速度。在铅球训练课中，一般在学生注意力处于高度集中状态时科学安排速度训练，以提高训练效果。

铅球专项速度训练和铁饼速度训练的方法相似，参考如下。

（1）各种跑的练习，如短跑、行进间跑、沙地跑、台阶跑、加速跑等，以组合形式灵活安排各种距离的跑。

（2）橡皮筋牵引跑练习。

（3）负重跑练习，如计时跑和不计时跑、规定距离或自由距离跑。

（4）手持铅球做推动、后抛、前投等练习。

（5）跑跳结合的练习，如助跑跳高、跳远等。

### （三）柔韧性训练

在铅球专项体能训练中，柔韧训练的地位非常重要，良好的柔韧性是增加动作幅度的重要条件，柔韧性差的人在推铅球运动中很容易发生肌肉损伤的现象。铅球运动中预摆幅度、投掷臂投掷距离的增加都需要以良好的柔韧性作为条件，柔韧性强更有助于完善推铅球的技术。因此，在铅球专项体能训练中，柔韧性训练必不可少。

在推铅球专项柔韧训练中，一般采用静力性拉伸和动力性拉伸的方法，具体手段包括弓箭步走、踢腿、压腿、体前/侧屈、劈叉、转髋等。此外，结合武术动作练习也有助于锻炼柔韧性。

### （四）灵敏和协调训练

完成和完善推铅球技术同样需要参与者具备良好的空间感觉能力和平衡能力，如果平衡能力和空间感觉能力差，那么在投掷过程中可能因为身体失衡而无法顺利投出。投掷区对铅球的投掷远度有影响，这就需要投掷者灵活性强。参与推铅球运动的学生要结合铅球专项特征来有针对性地进行灵敏与协调素质的训练。

学生可以通过参与各种球类运动、操类运动、舞蹈运动、武术运动、各种跑跳结合的练习以及单双杠技巧练习、游戏练习等来提升自己的灵敏和协调能力。

灵敏和协调能力的训练方法多样，常常需要将各种练习组合起来，并根据练习需要而对练习方式进行灵活调整，如变换速度的练习、变换节奏的练习、变向练习等。丰富有趣的训练方式更能够提升学生训练的兴趣和积极性，提升训练效果。

## 七、田径跳跃类项目体能训练的创新

### （一）速度训练的创新

对于田径跳跃类项目，速度是决定成败至关重要的因素。为了获得提升，应选取一些更为有效的创新训练方法和手段。

### （二）力量训练的创新

跳跃类项目的运动员在跳跃时要克服自身的体重，并在跳跃时发挥出强大的爆发力。因此，青少年运动员想要跳出好成绩，在保持较低体脂率的同时，还要提高自身下肢肌肉的质量。在跳跃类项目中，其力量的重要性主要体现在运动员助跑后由着地到快速蹬伸的肌肉收缩力量以及收缩时的速度。由此，具体训练策略如下。

（1）仰卧向上抬腿，同伴配合施力向下压4～6组，并努力集中精力做直腿上抬，从而提高腿部肌肉的爆发力和牵张力。

（3）做20米、40米、60米、80米的换步跳跃练习，做4～5组跨步跳跃（每组9～14次，间歇20～30秒），3～5组单足跳和三级、五级、十级蛙跳等。通过调整跳跃的距离和变换跳跃的方式，增强腿部力量。

# 第二节　青少年球类运动员专项体能训练与创新

球类运动专项体能训练比较重视对综合体能的训练，其中对混合耐力的训练尤其重要。本节重点分析足球、篮球、排球和乒乓球的体能训练方法和创新。

## 一、足球项目专项体能训练

### （一）力量训练

1.速度力量训练

（1）练习的强度为75%～90%。

（2）每次练习的时间为5～10秒。

（3）安排间歇时间应该以运动员完全恢复为标准。

（4）每次训练3～4组，每组包含4～6次练习。

2.力量耐力训练

（1）训练要求

①训练负荷为本人最大负荷量的60%～70%。

②每次训练的时间为15～45秒。

③设置的间歇时间应该保证运动员经过休息之后心率能够恢复到120次/分钟左右。

④每次训练3～5组，每组包含20～30次练习。

（2）发展颈部、上肢、肩背力量的练习

①两手用力固定头部位置，为颈部转动提供阻力。

②俯卧撑练习。

③引体向上练习。

④卧推练习，可以采用水平卧推、上斜或者下斜卧推、正向或者反向卧

推等多种形式进行练习。

⑤弯举哑铃、杠铃练习。

⑥两人两腿分开对坐，互抛实心球练习。

（3）发展腿部力量练习

①各种形式的跳跃练习，包括立定跳、多级跳、蛙跳、跨步跳、跳深、助跑跳等。

②肩负杠铃的同时进行提踵、半蹲练习。

③快速摆腿练习，可以在腿部绑沙袋增加负重，也可以通过在腿上绑橡皮筋的方式增加摆腿的阻力。

④远距离的传球、射门练习。

⑤悬垂举腿练习。

### （二）速度训练

1.训练要求

（1）训练负荷保持在本人最大负荷量的95%～100%。

（2）每次训练的时间为3～10秒。

（3）间歇时间根据训练目的确定，可完全恢复或者不完全恢复。

（4）一组训练包含6～8次练习，每次训练3～5组。

2.训练方法

（1）各种姿势起跑练习，每次跑20～30米即可。

（2）教练员下发各种指令，运动员根据特定指令，快速做急停、转身、变向等动作。

（3）进行小步跑、高抬腿跑、顺风跑、下坡跑等练习，以克服各种运动阻力，提高运动速度。

（4）进行全速运球跑练习或者变速变向运球跑练习。

（5）将简单的篮球技术和速度训练结合在一起。

（6）进行绕杆跑或者绕杆运球练习。

（7）抢球游戏练习：

①在篮球场中画一条直线，然后将运动员平均分成两队，要求两队队

员在与直线垂直距离为10米的位置成一排站好，两队相对而站，中间距离为20米；

②在20米的距离中每隔2米放置一个篮球；

③教练员发出信号后两队队员开始抢球，抢到球数量较多的一队获胜。

## （三）耐力训练

1.有氧耐力训练

（1）训练要求

①小强度持续训练法

练习强度保持在40%～60%；练习时间应该在25分钟以上；训练的距离为5000～10000米。

②间歇训练法

练习强度为150次/分钟；一次练习的时间为30～40秒；间歇时间的确定标准为运动员不完全恢复，一般恢复到120次/分钟即可；每次训练1组，1组里面包含8～40次练习。

（2）训练方法

①定时跑训练，比如规定运动员跑步20分钟等。

②不同距离的跑步练习，比如3000米、5000米、8000米等。

③100～200米、400～800米间歇跑或者变速跑练习。

2.无氧耐力训练

（1）训练要求

无氧耐力的训练方法主要是加大强度间歇训练法，其训练要求为：

①训练负荷为本人最大负荷量的80%～90%。

②一次练习的时间应该为20～120秒。

③训练时运动员的心率应该保持在180～200次/分钟。

④间歇要求不完全恢复，心率恢复到120次/分钟即可。

⑤每次训练1～2组，每组包含12～40次练习。

（2）训练方法

①20～60米多次冲刺跑。

②100～400米高强度反复跑。

③各种短距离追逐跑。

④进行5米、10米、15米等短距离的折返跑。

⑤往返冲刺传球练习。

⑥规定时间内做不同人数抢传练习。

### （四）柔韧训练

1.训练要求

（1）练习强度有一个变化的过程，开始时为中等强度，到后期训练强度可达80%以上。

（2）一次练习的时间大概为10～20秒。

（3）间歇时间的安排以运动员能够完全恢复为标准。

（4）每次训练3～5组，每组包含5～10次练习。

2.训练方法

（1）颈部绕圈运动。

（2）身体向两侧扭转。

（3）分别向前、后、两侧踢腿并绕圈。

（4）站立体前屈下压，或靠墙站立体前屈下压；背伸、展腹屈体练习及腿肌伸展练习。

（5）两腿保持交叉状态，做跨步、转身动作。

（6）踢球、顶球、抢截球等各种技术动作的模仿练习。

## 二、篮球项目专项体能训练

### （一）力量训练

（1）多级跳练习，练习次数视具体情况而定。

（2）蛙跳练习，练习次数视具体情况而定。

（3）在负重的情况下进行投篮练习。

（4）中场三级跳上篮练习。

（5）连续快速跳起摸高练习。

## （二）速度训练

（1）半场侧身快跑练习。

（2）不同姿势与方向的起动练习。

（3）10米转身追逐跑练习。

（4）听口号、看信号起动跑步练习。

## （三）耐力训练

（1）围绕篮球场以变速的方式连续跑10圈。

（2）持续进行折返跑步练习，注意每次跑的距离不同。

（3）跑步距离设置为5～10米，每次跑步的距离相同，持续进行折返跑。

（4）全场连续防守滑步。

（5）跳跑练习：两名运动员分别站在两个不同的篮筐下面，听到指定的信号之后两人跳起来摸篮筐，然后以后退跑的形式跑到对方的篮筐下面，再跳起来摸对方的篮筐，重复训练5次。

（6）要求运动员持续进行碰板训练，重复训练100～200次。

（7）快速转身追逐跑：两人一组前后站立，间隔5米距离，均与跑进方向背对，按教练员的指示同时转身，后者追前者，若在100米内成功追到则有效。追到后二人同时跑回起点位置，再继续进行追逐跑，共完成5次左右。

（8）在田径场地上进行距离为2000～5000米的变速跑，直道上跑速快，弯道上跑速慢。

（9）全速跑400米。跑的次数逐步递增。间歇1～2分钟。

（10）利用篮球场各横线往返跑。

## 三、排球运动专项体能训练

### （一）力量训练

排球运动中，各个技术的完成都是以良好的力量素质作为基础的，良好的肌肉力量和爆发力是拦网起跳、扣球、防守快速移动以及完成各种击球动作的基础；良好的力量耐力是长时间连续移动、连续跳跃的基础。因此，排球专项力量训练非常重要。

下面重点列举重要部位肌肉力量练习方法。

1.手指手腕力量练习

（1）用双手十指按压墙面，适度支撑重心。

（2）手指用力将软网球握在手中。

（3）手持轻器械做手腕绕环/屈伸等练习。

（4）在俯卧撑的基础上双手腾空击掌。

（5）双手将一定重量的物体提拉起来，如沙袋、壶铃。

（6）双手持杠铃，手腕翻转。

（7）手持实心球，手腕发力将球抛向上空再接住。

（8）手持篮球或足球，用排球运动中正面上手传球的动作方法对墙传球或向同伴传球。

2.躯干力量练习

（1）仰卧在斜板上，腹肌收缩。

（2）仰卧在垫子上，将实心球夹在双脚间，两腿同时上举。

（3）抓握杠铃置于头后，做转体、体侧屈等练习。

（4）抓握杠铃置于头后，做体前/后屈练习。

（5）仰卧起坐，上体坐起后徒手模仿挥臂扣球的技术动作。

（6）手持实心球抛向头后。

（7）在高凳上俯卧，双手抱头，由同伴压腿，上体向上、向后屈，直至最大幅度时保持片刻，反复练习。

3.下肢力量练习

（1）大跨步向前走。

（2）负重蹲起。

（3）负重上下高凳。

（4）身体成蹲姿向前行走。

（5）负重蹲起+提踵。

（6）沙地上深蹲跳。

（7）半蹲模仿不同目标方向的垫球动作。

4.弹跳力练习

（1）反复全蹲跳。

（2）助跑起跳摸高或模拟扣球动作。

（3）连续跳栏架。

（4）跑动中起跳拦网。

（5）在不同位置接连扣抛球。

（6）助跑起跳扣球+后撤防球。

## （二）速度训练

在排球运动中，任何队员都不能让球停留在自己手中，要在变化莫测的环境下快速完成各种击球动作，人要随着球的移动而移动，随着球的变化而变化。因此，学生参与排球运动必须要有良好的速度素质。

在排球专项速度素质训练中，学生要特别注意起跳速度和挥臂速度的专门训练。

1.起跳速度练习

（1）连续跳绳。

（2）在一个高台上连续跳上、跳下。

（3）依次跳若干高台。

（4）连续蛙跳。

（5）网前起跳拦网。

（6）助跑起跳模拟扣球动作。

（7）两人一组，各自在球网一侧，一人进行快速移动和拦网练习，另一人追随对方的节奏，保持同步。

2.挥臂速度练习

（1）挥臂扣吊球。

（2）手持羽毛球做投掷练习。

（3）两人隔网高抛羽毛球练习。

（4）手持橡皮条，紧拉挥臂。

（5）助跑起跳远投小皮球。

（6）助跑起跳扣快球。

（7）对墙自抛自扣球练习，要求扣球时快速挥臂。

## （三）耐力训练

排球比赛不规定时间，高水平比赛中，双方实力相当，比赛时间有时长达两个多小时，比赛时间长、运动负荷大，对参赛者的耐力水平提出了很高的要求，因此加强专项耐力训练非常重要。

排球专项耐力训练内容与方法如下。

1.移动耐力练习

（1）连续移动3～5米。

（2）连续移动+连续传球。

（3）移动中模仿完成不同方向的垫球动作。

（4）连续移动救球若干次。

（5）看手势连续向不同方向跑。

（6）移动中连续传/垫球。

（7）全场连续移动中防守。

（8）两人一组，手拉手以半蹲或稍蹲姿势连续向不同方向移动，不断变化方向。

2.比赛耐力练习

（1）连续打6局比赛。

（2）体能训练+排球比赛。

（3）连续攻防练习，3V3或4V4。

（4）连续攻守战术配合练习。

（5）连续技术组合练习：如垫球+传球+扣球，拦网+后退防守+扣球，扣球+后退防守+再扣球等。

## 四、乒乓球专项体能训练的创新

### （一）力量训练的创新

乒乓球运动的动作特点以小、快、灵、动为代表，供能以ATP—CP、有氧供能为主。随着国际乒联对规则的一系列修改，我国对青少年乒乓球运动员的培养方式也在不断调整。以体能为例，由于球的直径变大，为了更好地形成旋转，增加速度的杀伤力，必须加强对力量素质的训练。具体训练方法如下。

1.上肢力量训练

选择5千克的哑铃做上肢力量训练，每天训练3次，每次3～5分钟。

2.腰腹核心力量训练

可以在技术训练间隔增加平板支撑、仰卧起坐、扎马步等训练，每组3～5分钟，每天进行4～6组。

3.下肢力量训练

可每日进行多组鸭子步、蛙跳等增肌练习。穿插在技战术训练之间。需要注意的是，每项训练后都要做充分的拉伸或再生恢复练习。

### （二）速度素质训练的创新

速度素质的训练应采用程序训练法和变换训练法，训练过程按照既定的程序进行，在训练的同时应注意变换负荷量、练习形式以及练习内容。

青少年反应速度的训练可以通过改变练习的形式，让运动员在变化的情况下完成练习，如在地上分开放置五个圆环然后标上编号，教练发出指令，运动员快速去摸口令中圆环，依次反复练习，这种形式的练习专项化程度较高，对提高青少年的反应速度非常有效。

青少年乒乓球运动员移动速度的训练方法以多次的折返跑和200米、300米的冲刺跑为主。进行移动速度练习时，运动负荷应从“量的累积效应”转向关注大强度、中等强度时心率的变化，以提高青少年的心肺机能水平。

# 第三节　青少年健美操运动员专项体能训练与创新

## 一、健美操项目的力量训练

### （一）上肢力量训练

1.动力性力量训练

（1）俯卧撑组合训练

①训练方法

俯撑，手指向前，两臂伸直，两手距离同肩宽，两腿伸直，两脚并拢以脚尖着地；两臂屈肘向下至背低于肘关节，接着两臂撑起伸直恢复原来姿势。

②训练部位

主要锻炼的是三角肌的前部、胸大肌以及肱三头肌，增强这些肌肉的力量，进而增强运动员的上肢力量。

③动作要求

身体在训练的过程中始终保持平直状态；

有节奏地重复练习。

④变化形式

用手指支撑做俯卧撑；

用双臂支撑做俯卧撑；

负重用双臂做俯卧撑；

在俯卧撑中加入击掌的动作；

在俯卧撑中加入推起跳的动作。

以上动作可随意组合、随意变换节奏、随意变换训练次数以及训练时间等。

（2）双杠臂屈伸训练

①训练方法

双手撑杠，两臂伸直，两臂屈伸在双杠上，身体垂直在杠内，两臂应完全弯曲并夹肘，再快速用力撑起还原。

②训练部位

主要训练肱三头肌。

③动作要求

身体在训练的过程中始终保持平直的状态，双腿伸直且不能随意摆动；有节奏地重复练习。

④变化形式

腰部或者双脚负重进行练习；

借助吊环练习；

借助健身球练习；

采用不同的节奏进行练习。

2.静力性力量训练

（1）采用大负荷量的训练方式，通过不断增加训练的时间来逐步发展静力性力量。

（2）具体训练方法

①训练负荷为本人最大负荷量的70%，每组练习的时间在12秒以上，每次进行4组练习，两组练习之间的间歇时间为3分钟。

②训练负荷为本人最大负荷量的70%～90%，每组练习的时间为8～10秒，每次进行4～6组练习，两组练习之间的间歇时间为3分钟。

③训练负荷为本人最大负荷量的90%以上，每组练习的时间为3～6秒，每次练习不超过4组，两组练习之间的间歇时间为4分钟。

## （二）下肢力量训练

1.负重弓步跳—肩负杠铃四分之一蹲跳

（1）训练方法

①将杠铃置于肩上，双手握住杠铃，两手之间的距离大于肩膀的宽度。

②双脚分开站立，双脚之间分开的距离和肩膀宽度相同，上半身保持挺直的状态。

③屈膝四分之一，然后利用腿部的力量原地起跳，跳起的高度应该达到3～5厘米。

（2）训练部位

长背肌群、臀大肌、臀中肌、股二头肌、腓肠肌、比目鱼肌群。

（3）训练强度及负荷

①发展极限力量

训练负荷为本人最大负荷量的85%～100%，1～3次练习为一组，每次进行6—10组练习，两组练习之间的间歇时间为3分钟。

②发展力量耐力

训练负荷为本人最大负荷量的40%～60%，15～20次练习为一组，每次进行3～5组练习，两组练习之间的间歇时间为1～2分钟。

2.蹲起

（1）训练方法

两人一组进行练习，练习时两人的背部紧紧靠在一起，双臂相互环绕，然后同时做深蹲动作。

（2）训练部位

主要训练的是臀大肌、股四头肌、腓肠肌等。

（3）训练强度及负荷

训练负荷为本人最大负荷量的40%～60%，15～20次练习为一组，每次进行3～5组练习，两组练习之间的间歇时间为1～2分钟。

### （三）腰腹力量训练

1.收腹举腿

（1）训练方法

①身体保持仰卧姿势，双臂平放在身体两侧。

②收腹，同时将双腿向上举起，一直举高到双腿和身体相互垂直。

③将双腿缓缓放下并还原到开始时的姿势。

（2）训练部位

下腹部肌肉、髋关节处的肌肉群。

（3）训练强度及负荷

训练负荷为本人最大负荷量的40%～60%，20～30次练习为一组，每次进行4～6组练习，两组练习之间的间歇时间为2～4分钟。

2.仰卧体后屈

（1）训练方法

①俯卧姿势，利用髋部和腿部的力量支撑身体，脚保持固定不动。

②双臂前伸，同时身体做后屈动作。

（2）训练部位

伸髋肌、背肌。

（3）训练强度及负荷

训练负荷为本人最大负荷量的40%～60%，20～30次练习为一组，每次进行4～6组练习，两组练习之间的间歇时间为2～4分钟。

## 二、健美操项目的耐力训练

### （一）花式跳绳

1.训练方法

各种类型的摇跳绳。

2.动作要求

①身体始终保持挺直状态；

②跳绳必须是连续进行的。

3.运动强度及负荷

训练负荷为本人最大负荷量的55%～60%，30～40次练习为一组，每次进行4～6组练习，两组练习之间的间歇时间为5分钟，必须保证运动员的心率恢复到120次/分以下才能继续进行下一组练习。

## （二）水中高抬腿跳

1.训练方法

在水深1米以下的浅水中做各种跑以及单、双腿跳练习。

2.运动强度及负荷

训练负荷为本人最大负荷量的55%～60%，每组练习时间为4～6分钟，每次进行4～6组练习，两组练习之间的间歇时间为10分钟。

3.变化形式

（1）可以在原地进行练习，也可以在行进的过程中进行练习。

（2）可以根据自己的情况不断改变训练负荷。

（3）可以改变训练的节奏或者动作的组合变化形式等。

## （三）跳与跃组合

1.训练方法

将健美操中一些跳和跃的动作结合在一起，进行循环练习。

2.运动强度及负荷

训练负荷为本人最大负荷量的55%～60%，每组练习时间为4～6分钟，每次进行4～6组练习，两组练习之间的间歇时间为10分钟，必须保证运动员的心率恢复到120次/分以下才能继续进行练习。

3.变化形式

（1）可以根据运动员的水平和训练目标等设置不同的训练难度。

（2）可以在遵循循序渐进原则的基础上逐渐加大训练负荷。

## 三、健美操项目的柔韧训练

### （一）大腿后侧柔韧性训练

1.并腿体前屈

（1）训练方法

①身体成坐姿，双腿伸直并拢，脚尖紧绷；

②双臂伸直；

③做体前屈动作，最好能够让上半身贴紧大腿，同时双臂随着身体向前伸。

（2）动作要点

①整个训练过程中，双腿必须始终保持伸直的状态；

②身体自然放松。

（3）训练强度及负荷

训练时的负荷为本人最大负荷量，一组训练的时间为15～30秒，一共进行3～4组练习，两组练习之间的间歇时间为1～3分钟。

2.纵叉

（1）训练方法

一腿在前，另一腿在后，纵叉，利用自身重量进行练习。

（2）动作要点

①整个训练过程中膝盖必须始终保持伸直的状态；

②身体挺直并自然放松。

（3）训练强度及负荷

训练负荷为人体最大负荷量，一组训练的时间为15～30秒，每次进行3～4组练习，两组之间的间歇时间为1～3分钟。

### （二）大腿内侧柔韧性训练

1.手撑横叉

（1）训练方法

两腿左右分开呈横叉，上体前屈，手撑地面，利用自身重量下沉进行练习。

（2）动作要点

①膝盖在整个训练的过程中必须始终保持伸直状态；

②身体挺直并自然放松。

（3）训练强度及负荷

训练负荷为人体最大负荷量，一组训练的时间为15—30秒，每次进行3～4组练习，两组之间的间歇时间为1—3分钟。

2.仰卧横叉

（1）训练方法

仰卧横叉，双手放在大腿内侧，用力使双腿靠近地面进行练习。

（2）动作要点

膝盖在整个训练的过程中必须始终保持伸直状态；

上半身始终不能离开地面。

（3）训练强度及负荷

训练负荷为人体最大负荷量，一组训练的时间为15—30秒，每次进行3～4组练习，两组之间的间歇时间为1—3分钟。

## 四、健美操项目的平衡训练

### （一）训练内容

选取健美操运动中的转体类、平衡类、高踢腿类、劈腿类等动作进行专门训练，以提高运动员的平衡能力。

### （二）训练强度及负荷

（1）训练负荷为本人最大负荷量的90%，每组练习时间为12—20秒，每次进行4~6组练习，两组练习之间的间歇时间为3分钟。

（2）训练负荷为本人最大负荷量，每组练习的时间为8—12秒，每次练习的组数在4组以下，两组练习之间的间歇时间为4分钟。

### （三）训练变化形式

（1）在平衡素质训练中加入柔韧素质训练的内容，将两者结合起来进行训练。

（2）将各种平衡动作组合成不同的形式进行练习。

## 五、青少年健美操运动员体能训练的创新

健美操运动强调对耐力素质的训练。为了不断提升青少年运动员的专项体能素质，须对体能训练的方法和手段进行优化与创新。例如，在耐力训练中加入跳跃、下地等元素，在增加趣味性的同时，还可以提升青少年不同维度的肌肉力量和灵敏度，从而为成套动作的创新开拓更大空间。

（1）首先是在专项体能训练中将正确的动作技术融入其中。例如，在力量训练中，对空中姿态跳步成俯撑、提臀腾起、托马斯等不易掌握且对技术要求较高的难度动作进行针对性力量训练，从而提高难度动作的完成率。

（2）新版规则不允许男性运动员在成套中出现类别8（柔韧）难度动作和任何以劈腿姿态结束的动作，必须完成类别4（动力性跳步）难度动作。因此在专项体能训练中应尽可能地增加男运动员专项力量训练，提高空中姿态控制能力，女运动员则应尽可能增加专项柔韧性训练，以提高成套艺术水平。

（3）新版规则要求必须在成套中出现操化组合，因此应将操化元素融入专项体能训练中，如将操化单元组合应用于心肺耐力练习中，同时提高肌肉灵敏度，为成套动作打好基础。

# 第四节　青少年游泳运动员专项体能训练与创新

## 一、游泳体能训练的特点

### （一）影响游泳成绩的体能因素

作为一种典型的体能类项目，游泳运动成绩主要由运动员的专项体能水平和游泳技术水平决定。游泳是一个大项，根据游泳距离、游泳姿势的不同，可以将其划分为若干不同的小项，不同小项对运动员的体能要求是有差异的，各有侧重。不同的游泳强度也对游泳运动员的体能素质提出了不同的要求。

游泳运动员的身体形态呈现出鲜明的特征，大多数游泳运动员拥有高大的身材、修长的四肢，整体来看，身体呈“流线型”姿态。独特的身体形态使运动员在水中游泳时浮力大、阻力小。此外，游泳运动员的瘦体重占较大比例，拥有强大的心肺功能和良好的供氧供血能力。这表明游泳运动员拥有较高的机能储备水平和较强的机能储备动用能力。游泳比赛是参照游完规定距离所用的时间的长短来评定成绩的，所以说游泳比赛比的是游进速度，机能储备水平高、机能储备动用能力强的游泳运动员在游泳比赛中往往能够取得好成绩。

游泳运动属于典型的周期性运动项目。游泳运动员在比赛中用规定的游泳姿势，以不断重复的若干游泳幅度完成一定距离。这里所说的游泳幅度是由手臂划水动作、腿部打水动作以及全身配合动作构成的。游泳运动员每次向前推进一定的距离都是靠完成游泳幅度来实现的。而游泳幅度的速度指的是运动员向前推进的水平距离与所用时间之比。游泳比赛中，规定距离内完成的所有动作周期的平均速度强度即为速度耐力强度。对游泳运动员而言，速度耐力就是其所必备的专项耐力，是非常重要的专项体能素质之一，不同游泳项目对运动员的速度耐力又有不同的要求。游泳运动员的心血管耐力水平和骨骼肌工作的肌肉力量耐力水平这两大运动生物学因素对其速度耐力起到决定性影响。

游泳运动员的成绩与其手臂划水的频率息息相关，运动员神经肌肉反射时间是影响其划水频率的主要生理学因素，对不具备这方面良好因素的运动员来说，频次的增加较为困难，需要在增加划水长度上下功夫，这就需要加强专项力量素质训练和协调能力训练。

游泳是水中运动项目，特殊的运动环境和高强度身体运动对运动员的能量代谢水平、供能水平均提出了很高的要求。游泳运动员的能量代谢类型、代谢强度级别主要与游泳距离、游泳姿势以及游泳技能水平等因素有关，其中游泳距离的影响最为明显，不同距离的游泳比赛项目对运动员的专项体能、供能水平有不同的要求和不同的侧重，如短距离项目对运动员速度力量、无氧供能能力的要求很高；中距离项目对运动员耐乳酸无氧能力、最大吸氧量有氧能力、大强度肌肉耐力的要求很高；长距离项目对运动员的有氧能力、肌肉耐力的要求很高。因此，从事不同游泳专项的运动员在体能训练中既要注意训练的全面性，又要有所侧重，针对影响比赛成绩的体能因素来强化关键体能素质的训练。

### （二）游泳体能训练的要求

体能训练是游泳训练的重要组成部分，青少年既可以在陆上训练，也可以在水中训练，一般身体训练以陆上训练为主，侧重于对肌肉力量、速度、耐力和关节柔韧性等一般身体素质的训练，专项身体训练以水中训练为主，侧重于肌肉耐力、心血管耐力的训练，并促进游泳技术的改进。有时一些无法在水中完成的专项体能训练需要在陆上完成。因此，在游泳体能训练实践中往往需要将陆上训练和水中训练结合起来。

现代游泳体能训练要坚持一般与专项相结合的原则，通过陆上训练、水中训练及水陆结合训练来解决一般体能和专项体能发展的问题。

例如，在游泳力量训练中，陆上训练主要采用拉力练习法，练习中不断变化强度，具体练习手段要以运动员的游泳技术水平为依据而设计；水中训练要与专项游泳技术紧密结合起来，通过专项训练强化运动员肌肉工作原动力的发展。

再如，在游泳耐力训练中，不管是什么游泳项目，都强调通过对游泳负荷总量、负荷强度及强度比例的调整来发展专项耐力。在不同距离游泳项目的训练中，运动员训练负荷总量中80%以上都是有氧训练，其中无氧阈水平的有氧强度比例占40%左右，剩余负荷量中专项强度训练的比例因项目、因人而异。如此安排体能训练负荷量，既能发展游泳运动员的一般体能，又能提升其专项体能，从而促进一般体能与专项体能的有机统一、相互作用以及全面发展。

## 二、游泳专项力量训练

### （一）橡皮胶带拉力练习

利用橡皮胶带进行拉力练习，模拟水中划水动作，增强肌肉力量。

1.蛙泳划臂

（1）准备姿势

橡皮胶带系在横梁上，俯身，双手抓橡皮胶带两端。

（2）练习要领

两臂像游蛙泳一样同时“划水”。

（3）练习提示

根据器材弹性和实际情况调整拉橡皮胶带的长度，共5组，每组30次左右，或每次45秒，共5次。

2.蝶泳、自由泳划臂

（1）准备姿势

橡皮胶带系在横梁上，俯身，双手抓橡皮胶带两端。

（2）练习要领

两臂像游蝶泳或自由泳一样“划水”，同时划或交替划。

（3）练习提示

根据器材弹性和实际情况调整拉橡皮胶带的长度，每次45秒，共5次。

3.仰泳划臂

（1）准备姿势

橡皮胶带系在横梁上，手臂伸展，双手抓胶带两端。

（2）练习要领

两臂像游仰泳一样“划水”，同时划或在体侧交替划。

（3）练习提示

根据器材弹性和实际情况调整拉橡皮胶带的长度，每次45秒，共5次。

4.重点动作环节练习

（1）准备姿势

橡皮胶带系在横梁上，俯身，双手抓橡皮胶带两端。

（2）练习要领

通过拉力练习模仿水中划水动作，尤其是抱水、推水等重要动作。

（3）练习提示

共5组，每组30次左右。

## （二）牵引水桶训练

在身上绑一个适宜重量的水桶，负重快速游进，以强化肌肉力量。水桶重量以6千克为宜，练习距离以25米最佳，短距离练习能够有效增强练习者的爆发力和无氧耐力。

## （三）水槽训练

在水槽中的固定位置进行最大速度的游泳练习，保持快速游进节奏。指导者在池边观察和指导，用声音或手势反馈问题，练习者根据反馈及时调整游速。每次持续30秒，共10～18次，间歇2～3分钟。

## 三、游泳专项速度训练

### （一）牵引训练

牵引训练是游泳专项速度训练的重要方法。牵引训练最多重复10次，练习距离以30～40米为宜。

### （二）转身速度训练

1.专门转身动作训练

连贯练习转身动作，如在与池壁相距10米的位置练习转身，重复多次练习。

2.综合转身动作训练

进行完整的游泳练习，游进过程中多转身几次，动作要快、准，提高转身动作速度和动作质量。

## 四、游泳专项耐力训练

### （一）有氧耐力训练

1.长距离训练

（1）以爬泳姿势匀速或变速游3000米。

（2）方式：爬泳；距离：10×400米；时间：每组5分20秒包干（游泳时间4分50秒+休息30秒）。

（3）方式：爬泳；距离：20×200米；时间：每组2分45秒包干（游泳时间2分30秒+休息15秒）。

（4）方式：爬泳；距离：5×1000米；时间：每组13分钟包干（游泳时间12分半+休息30秒）。

以上训练也可采用爬泳与仰泳交替的方式进行，泳姿转换不得影响游泳技术。

2.间歇训练

（1）慢速间歇训练

用较比赛速度稍慢的速度完成反复游练习，间歇时间比练习时间少，在心率未完全恢复时再次练习。

（2）改变间歇反复游

以中低强度游规定距离，反复练习，不断调整间歇时间。例如，8×200米反复游，要求每个200米游2分20秒，间歇1分30秒，之后每次练习结束后间歇时间变化一次（增/减5秒）。

（3）变换距离反复游

变化练习距离，间歇时间不变，示例如下：

练习距离增加，50米—100米—200米—400米，间歇不变。

练习距离减少，400米—200米—100米—50米，间歇不变。

练习距离递增再递减，50米—100米—200米—400米—200米—100米—50米，间歇不变。

（4）变换距离和间歇时间反复游

练习距离和间歇时间不固定。例如：

距离：100米，间歇：1分钟；

距离：200米，间歇：1分30秒；

距离：400米，间歇：2分钟；

距离：800米，间歇：3分钟；

距离：2×400米，间歇：2分钟；

距离：4×200米，间歇：1分钟；

距离：8×100米，间歇：30秒。

## （二）无氧耐力训练

1.短冲训练

短冲训练是以最快速度全力完成训练，以无氧供能为主，有助于发展速度素质，尤其是绝对速度。

训练方法示例：

| | | |
|---|---|---|
| 12.5米 | 90%～100%速度 | 间歇时间12～25秒 |
| | 90%～95%速度 | 间歇时间8～10秒 |
| 25米 | 95%～100%速度 | 间歇时间30～40秒 |
| | 90%～95%速度 | 间歇时间25～35秒 |
| 50米 | 95%～100%速度 | 间歇时间60～90秒 |
| | 90%～95%速度 | 间歇时间50～80秒 |

2.重复训练

以无氧代谢为主，侧重发展速度耐力。

方法示例：

发展速度：4×50米全速游或逐个加速游。

发展速度耐力：4×100米，3×200米，（2～4）×400米，间歇3～5分钟，强度95%～100%。

3.变速训练

在变速训练中，每次完成规定距离时，后半程速度要比前半程速度快。

方法示例：

（1）距离10×400米，以90%的强度完成每个400米，每个400米中，后200米的游速快一些，如400米自由泳，前后200米的成绩分别是2分12秒和2分8秒。

（2）距离4×200米，游第一个200米时，最后50米的速度比前面速度快；游第二个200米时，后100米的速度比前面速度快；游第三个200米时，后150米的速度比前面速度快；游第四个200米时，用最大速度游完全程。

## 五、游泳专项柔韧训练

### （一）臀部内收肌伸展训练

（1）两脚开立，距离同肩宽。

（2）左腿缓慢屈膝，重心顺势移向左脚，臀部后坐，同时右腿向右侧跨一步，体会右腿大腿内侧肌肉的拉伸感。

### （二）4字形伸展训练

（1）仰卧在垫子上，抬左腿向上伸直，右腿屈膝置于左膝上，整个身体形态看起来像数字4。

（2）双手抓左腿膝部，用力向胸前拉，体会臀部内侧的拉伸感。

### （三）站式股四头肌伸展训练

（1）自然站立，重心在左脚，右腿向后屈膝抬起，右手抓右脚。

（2）将右脚拉向臀部，体会大腿前侧肌肉的拉伸感。

（3）右膝稍向右后方转动，增加伸展力度。

### （四）坐式腹股沟伸展训练

（1）坐在泳池边，屈膝外展，脚掌相对，放于身前。

（2）双手抓住两脚脚尖，肘放在膝上。

（3）胸部缓慢靠近双脚，同时肘关节向下按压膝。

### （五）流线型伸展训练

（1）两脚开立，手臂向上举过头顶，两臂夹头，手背贴紧。

（2）腰缓慢向右侧屈，拉伸左侧后背肌肉。

（3）还原，再向左侧屈，体会右侧后背肌肉的拉伸感。

## 六、青少年游泳项目体能训练的创新

### （一）在基础耐力训练中保持匀速

有研究证明，适度的耐力训练可以让人体的慢肌纤维更加富有弹性，且有利于提高人体的有氧代谢能力。基础耐力训练是青少年游泳体能训练的主要训练方法。在耐力训练中，青少年要尽可能地保持匀速，避免出现争强好胜的行为。教练在开展训练时，必须教导青少年保持匀速前进，否则在中长距离训练中青少年会后劲不足。

另外，为了青少年的身体健康，游泳教练一定要在训练的初始阶段说明游泳运动中存在的风险，让青少年注意规避。

### （二）训练短距离冲刺能力

通过耐力训练，人体的慢肌纤维能够得到充分激活。相应地，人体的快肌纤维则需要在强度更高、爆发力更强的训练中才能被激活。短冲训练可以防止运动员在游泳中丧失速度优势。因此，教练应在基础耐力训练中适当开展短冲训练，提高青少年的肌肉力量，从而提升其短距离冲刺能力。

# 第五节　青少年体育舞蹈运动员专项体能训练与创新

## 一、力量素质训练

### （一）四肢肌肉力量训练

（1）仰卧，四肢伸直，髋部向上抬起，在最高点停留，再缓慢落下。每组30秒，做2组。

（2）仰卧，两腿上举90°，两臂侧举；双腿先并拢后分开到身体两侧。每组30次，做2组。

（3）仰卧，两手自然置于身体两侧，双腿伸直，双脚夹住瑞士球并将球抬离地面10厘米。每组40次，做2组。

### （二）核心力量训练

（1）平板支撑。俯卧，用双脚和双臂支撑身体，且保持身体挺直，核心收紧，用力，呼吸均匀，坚持5分钟。注意不要塌腰，也不要弓背。

（2）俄罗斯转体。坐在垫子上，双腿屈膝保持离开垫子一段距离，上身向后倾斜，使整个身体呈V字形。双手十指交叉，分别向左右两个方向转动身体，并使双手触碰地面，两边都触碰到地面为一次，连续做50次，休息30秒，重复3组。

## 二、速度素质训练

### （一）跑步训练

（1）跑步，根据信号（拍手）转体180°，转体后向另一方向继续跑。

（2）10米折返跑，完成10次练习。

### （二）静态训练

（1）基本站立姿势，两手叉腰，两脚分开与肩同宽，下蹲后还原成开始姿势。每组8次，做4组。

（2）开始姿势为坐姿，单腿沿地面摆动成竖叉状，膝盖伸直，之后还原成开始姿势。每侧8次，换另一腿重复，做4组。

（3）仰卧，双腿所在平面向两侧分开成横叉动作，之后还原成开始姿势。共20次，做3组。

（4）开始姿势为站姿，面向横杆，手握横杆，一侧腿撑地，一侧腿用力向后摆动，头和躯干也尽量向后弯曲。之后还原成开始姿势。做10次后，换另一侧腿练习。

## 三、柔韧素质训练

这里主要针对膝关节和踝关节的柔韧训练进行介绍。

### （一）膝关节柔韧性训练

（1）开始姿势为俯卧，双臂上举，另一人抓其手尽量向后上方向外展。每组8拍，做2组。

（2）开始姿势为站立，双手握绳自然下垂，绳子长度略长于身体宽度，双臂握绳由前向后及由后向前转肩。每组10次，做2组。

（3）开始姿势为坐姿，双腿并拢置于齐胸高处，双手后撑，身体略微后仰，另一人坐于练习者膝关节处。

### （二）踝关节柔韧性训练

（1）开始姿势为跪坐，双手体后撑地，提双膝，身体向后从脚背向脚趾方向滚动，之后还原。

（2）开始姿势为坐姿，两腿伸直并拢，一手撑地，一手上举，上举那一侧的腿尽量外旋上抬触及上举手臂。左脚、右脚依次练习。每组8次，做2组。

（3）开始姿势为单腿跪姿，另一腿提膝，脚尖触地，身体向前用力压脚背。右脚与左脚交替练习。

## 四、平衡素质训练

（1）站姿，1～8拍：双脚提踵立，9～18拍：两脚落地，两臂侧举。每组8次，共4组。

（2）单腿支撑，提踵，另一侧腿尽力后摆。保持30秒，每侧2组。

（3）左脚站立，右腿向侧上举至劈叉，腿侧贴住耳部。右手扶右腿，1～8拍：提踵8次，9～18拍：保持30秒，每侧2组。

（4）双膝支撑，两臂侧举，1~2拍：一侧腿向后举起，3～18拍：每侧2组。

## 五、青少年体育舞蹈项目体能训练的创新

### （一）增强专项体能训练意识

教练可以向青少年阐述专项体能训练对提高比赛成绩的重要性，让学生

认识到专项体能训练与舞蹈技巧同等重要。同时，教练可以通过讲解相关案例，让青少年学生了解专项体能训练的实际应用价值，从而提升青少年对专项体能训练的认知和重视程度。增强学生的自我认知，让他们了解自己在专项体能训练方面的不足，并激发他们的自我改进意识。教练可以组织体能测试，让学生了解自己在力量、耐力、速度、协调性和柔韧性等方面的不足。在此基础上，教练可以帮助学生制订个性化的专项体能训练计划，并鼓励学生积极投入到训练中去。此外，教练可以通过组织比赛，将专项体能训练与实际比赛紧密结合，让学生深刻认识到专项体能训练对比赛成绩的重要影响，从而进一步增强其专项体能训练意识。

## （二）优化训练形式

1.强化个性化训练

在体育舞蹈专项体能训练中，不同学生存在一些个体差异，要进行个性化训练。例如，针对某个学生的力量不足，可以增加相应的力量训练项目，以达到训练效果的最大化。

2.增加竞技性训练

在专项体能训练中，可以增加竞技性训练，以刺激学生的竞争欲望和提高比赛应变能力。例如，可以设立小组或个人比赛，以鼓励学生互相比拼和进步。

3.应用技术手段

在现代技术手段的支持下，可以增加体育舞蹈专项体能训练的趣味性。例如，利用视频分析技术，对学生的动作进行详细分析，指导学生进行针对性训练，以提高训练的效果。

# 第六节　青少年武术运动员专项体能训练与创新

## 一、武术项目的力量训练

### （一）抗阻力训练

抗阻力练习是指为了增强运动员克服自身重量和器械重量的能力而进行的练习。抗阻力练习中最常用的练习手段是负重练习，可以利用哑铃、杠铃、沙袋等工具帮助增加负重量，在不改变动作内容、动作幅度、动作速度的基础上，通过负重训练逐渐提升抗阻力的能力。此外，在太极等武术中，还可以利用双人顶、推、拉等动作发展抗阻力能力。拉力器、橡皮带等工具产生的弹性阻力对发展力量素质也非常有帮助。

### （二）腾空跳训练

腾空跳练习主要用于发展爆发力，因为武术运动中包含数量众多的爆发式踏跳动作。常见的腾空跳练习方式包括击步摸高、击步冲顶吊球、击步连续直体跳、拉腿跳、收腿跳及各种转体跳、腾空飞脚、双飞脚、旋风脚和外摆莲等。多次重复并将这些方式合理组合在一起进行练习，对发展武术运动员的爆发力具有重要作用。

## 二、武术项目的柔韧训练

### （一）主动柔韧性训练

主动柔韧性练习是指运动员主动用力完成相应部位软组织拉长的练习。

动力性练习和静力性练习是主动柔韧性练习的两种形式。其中，动力性练习包含在原地或者行进过程中进行的各种踢腿、摆腿练习以及各种翻腰、涮腰练习等。静力性练习主要包括各种较长时间的压腿、压肩或者下腰等动作的练习。在实际训练中，运动员一般会采取动静结合的训练方式，顺序为先压腿，然后再踢腿、摆腿等。

### （二）被动柔韧性训练

被动柔韧性练习是指，借助外界的力量，将运动员某些部位的软组织被动拉长，进而不断扩大其最大活动范围的训练。

被动柔韧性练习和主动柔韧性练习一样，也包括动力性练习和静力性练习两种形式。前者主要是指在器械或者人为的帮助下进行的各种搬腿、甩腰、压叉等动作的训练；后者是指在器械或者人为的帮助下进行的压腿、下腰或者压肩等动作的训练。

### （三）混合柔韧性训练

混合柔韧性练习一般被用在基础训练阶段，常见的状况是运动员自己进行完压腿等练习之后，为了取得更加理想的训练效果，教练还会帮助运动员做各种搬腿、甩腰等动作。

## 三、武术项目的协调训练

### （一）培养肌肉合理用力的能力

肌肉合理用力能力是指武术运动员能够根据技术动作的具体要求，适时、合理地掌控肌肉的收缩和放松，使肌肉活动协调配合。

培养武术运动员的协调素质，最重要的是在运动员学习动作之初，就帮助其建立正确的动作表象，掌握正确的肌肉用力顺序和用力方式，这就要求教练员在教新动作时，必须要做好动作讲解和动作示范。在讲解中，教练员要保证讲解语言的准确性，讲解应该重点围绕技术的动作路线、起止点、发力的肌肉等方面进行。在动作示范中，教练员首先需要做到的也是保证示范动作的准确性，帮助运动员形成正确的动作表象。此外，还可以要求运动员进行一些慢动作或者速度较慢、强度较小的技术动作的重复练习，以帮助他们体会相应肌肉的用力感觉，掌握合理的肌肉用力方法。随着运动员熟练度的提升，练习的速度和强度可以逐渐增加，帮助其提高肌肉用力的精确分化的程度。

### （二）提高掌握更多技术动作的能力

协调能力会受到运动员所掌握的基础技术条件反射数量多少的影响，也就是说，运动员掌握的技术动作越多，其反射条件数量就越多，相应地，其协调能力也会相应提升。因此，想要提升武术运动员的协调素质，可以通过使运动员掌握更多的技术动作来帮助实现。

在训练中，对于年龄较小的运动员，由于其具有更强的可塑性和更大发展空间，所以可以不断向其传授更多新的动作技能；对于年龄较大的运动员，因为其掌握的技术动作已经比较完备，所以可以要求其多学习不同的动作风格和不同的流派，以丰富自己技术动作的表现形式等。

## 四、武术项目的耐力训练

### （一）有氧耐力训练

1.持续训练法

持续训练法是指负荷强度比较低，负荷时间比较长，无间断地持续进行练习的训练方法。一般采用整套或超套训练，并以脉搏频率作为指标控制练习强度，适宜状态的心率应该保持在145～170次/分钟。

表5–4为持续训练法的基本类型及其特点。

表5-4　持续训练法的基本类型及其特点[①]

| 基本类型 | 短时间持续训练 | 中时间持续训练 | 长时间持续训练 |
|---|---|---|---|
| 负荷时间 | 5～10分钟 | 10～30分钟 | ＞30分钟 |
| 心率强度 | 170次左右 | 160次左右 | 150次左右 |
| 间歇时间 | 没有 | 没有 | 没有 |
| 动作结构 | 基本稳定 | 基本稳定 | 基本稳定 |
| 有氧强度 | 最大 | 最大 | 次大 |
| 供能形式 | 无氧、有氧代谢系统混合供能 | 有氧代谢供能为主 | 有氧代谢供能 |

2.间歇训练法

间歇训练法也是一种常被用来发展有氧耐力素质的训练方法，它通过严格控制间歇时间来达到发展耐力素质的目的。间歇训练法的训练负荷一般为个人最大负荷量的75%，一般采用1/2段或者3/4段或者整套练习，训练时的适宜心率应该在170次/分钟以下，间歇的时间在2分钟以内，当运动员的心率恢复到120次/分钟时即可进行下一次的训练。间歇时间还和运动员的训练水平相关，当运动员的训练水平不断提升时，应该逐渐缩短间歇时间，并且延长单次训练的时间，减少训练的重复次数。

## （二）无氧耐力训练

1.间歇训练法

在无氧耐力训练中使用间歇训练法，训练负荷应该为个人最大负荷量的75%，心率为170～180次/分钟，在一次训练过程中，间歇的时间逐渐缩短，重复训练的次数也逐渐减少，这样做有助于体内乳酸的堆积。比如，第一和第二次训练之间的间歇时间为5～6分钟，第三和第四次训练之间的间歇时间为4～5分钟，第五和第六次训练之间的间歇时间为3～4分钟。在使用间歇训练法时，要注意从运动员的实际状况出发，根据运动员的实际训练水平和训练目的设置合理的训练强度和训练密度。

① 龙春生.体能训练法[M].沈阳：辽宁大学出版社，2009.

2.阻氧训练法

阻氧训练法是指，在训练时减少运动员的摄氧量以发展运动员的无氧耐力素质的训练方法，比如要求运动员在训练时只能用鼻子呼吸或者让运动员在训练的过程中戴上口罩等。

## 五、青少年武术运动员体能训练的创新

青少年武术运动员的体能训练大多采用传统的武术训练方式进行。然而，随着武术运动与科技的不断发展和进步，人们对人体的生物运行机制更为明晰，因此，在青少年武术运动员体能训练中，应适当借鉴竞技体育中比较先进的体能训练方法和手段，尤其是借助智能化设备，使传统武术不断与时俱进，得到更好的传承。

# 第六章 青少年趣味性与智能化体能训练

在青少年的体能训练中，与成年运动员不同的是，会采用许多趣味训练的方法，以激发青少年运动员的训练热情和积极性。本章将对体能游戏训练方法、器械趣味训练方法和智能化体能训练方法一一进行研究。

# 第一节　体能游戏训练方法

## 一、青少年力量素质的趣味训练

### （一）水鸭上岸

1.游戏目的

增强下肢力量。

2.游戏准备

平坦场地上前后依次摆放3根标志杆（间隔10米左右）。

3.游戏方法

将所有练习者均分为两组，分别在起始线后排成一列纵队。

游戏开始，两组排头从起点开始依次用小鸭步走、马步走、小步纵跳、跑步四种方式通过标志杆到达终点。前一人到达终点后，下一人按同样的方法到达终点，直至两组练习者全部都到达终点，游戏结束，用时最少的一组获胜。

4.游戏规则

不同路段的前进方式要求如下：

起点到第一个标志杆：鸭步走；

第一、二根标志杆之间：马步行走；

第二、三根标志杆之间：纵跳方式（步子小）；

第三根标志杆到终点之间：小步跑。

### （二）地滚铅球

1.游戏目的

增强手臂力量。

2.游戏准备

在平坦场地上画一个直径大于15米的圆圈，准备若干铅球。

3.游戏方法

将所有练习者分为两组，各自在起点线后排成一列纵队，每人持一球。在场地中间不规则地摆放几个铅球。

游戏开始，两组排头将手中的铅球掷出，尽量将场地上的铅球击出终点线，掷出球后跑到本队队尾，后面的练习者依次击球。2分钟内击出终点线的球多的一组获胜。

4.游戏规则

（1）必须用地滚球的形式击球出线。

（2）不得相互干扰。

### （三）夹沙包前进

1.游戏目的

发展腰腹肌力量。

2.游戏准备

1块平坦场地，沙包。

3.游戏方法

将所有练习者分为两组，各自在起点线后站成一列纵队，排头将沙包夹在两脚间，做好准备。

游戏开始，两组排头同时用腰腹部发力掷出脚间的沙包，然后跑向沙包的落点处，再次夹沙包掷出，直到将沙包掷出终点线，然后捡起沙包抛给本队第二人，第二人按同样的方法掷沙包，直到两组所有人都将沙包掷出终点线，用时少的一组获胜。

4.游戏规则

（1）只能用双脚夹沙包掷出。

（2）沙包到达终点线外后，只能双手或单手从空中抛给队友，不得手拿沙包跑回去。

（3）两组练习者不能干扰对方。

## 二、青少年速度素质的趣味训练

### （一）拉轮胎跑

1.游戏目的

发展力量、移动速度和耐力等身体素质，培养坚强的意志品质和集体主义精神。

2.游戏准备

两条30米跑道，两个轮胎（带拉绳）。

3.游戏方法

将所有练习者均分为两队，各自在跑道的起点线后排成一列纵队，排头一手抓着轮胎绳置于肩上，做好准备。

游戏开始，两组排头同时起动拉着轮胎向前跑，到达终点线后再拉着轮胎跑回队伍，轮胎过起始线后，第二人接过轮胎绳子按同样的方法进行游戏。直至两组所有人都完成练习，游戏结束，用时少的一组获胜。

4.游戏规则

（1）不得抢跑。

（2）轮胎全部过终点线后才能转身返回起始线，否则返回重新开始。

（3）返回时轮胎全部过起跑线后才能交给下一人，否则回到终点线重新返回。

（4）两组练习者不得相互干扰。

### （二）人群中穿梭

1.游戏目的

提升快速奔跑能力、身体灵巧性以及控球能力。

2.游戏准备

标准篮球场，若干篮球。

3.游戏方法

多名练习者间隔一定距离，各持一球在球场上做好运球准备。

游戏开始，所有人在场地内运球穿梭，迎面遇到其他练习者时采用转身、变向运球、胯下运球、背后运球等方式躲闪，若在运球穿梭或躲闪时没有控好球，则自觉跑到场地外做15个俯卧撑。

4.游戏规则

（1）只能在场地内运球穿梭。

（2）只能在移动中运球，不得原地运球。

（3）不得妨碍他人。

## （三）警匪大战

1.游戏目的

发展动作速度和反应速度，提升快跑能力。

2.游戏准备

平坦场地。

3.游戏方法

画两条平行线，间隔3米，分别为“警察”和“匪徒”的活动区域。两条平行线各自间隔20米远处再画两条线，作为安全线。准备显眼的标志牌和“匪徒”标志牌。

将练习者分为人数相同的两队，一队为“警察”队，另一队为“匪徒”队，两队能力均衡，两队各自在自己的平行线外侧按两臂间隔排成横队，两队人员面对面。

游戏开始，所有人都呈站立式起跑姿势，指导员手中拿着“警察”标志牌和“匪徒”标志牌随意变化，然后突然将某个牌子高高举起，标志牌所示的一队快速向后转身逃跑，另一队也迅速转身追赶，在20米之内追到则有效，成功追到后被追方背着追方回到起点。

4.游戏规则

（1）指导员高举牌子后，相应队伍的选手才能起动转身跑，不得抢跑，否则会被惩罚。

（2）被追者跑过安全线后，追者停止追，并将被追者背回起点。

## 三、青少年耐力素质的趣味训练

### （一）守卫家园

1.游戏目的

提升有氧耐力和反应速度。

2.游戏准备

平坦场地。

3.游戏方法

所有练习者手拉手围成一个圆形并正对圆心。指导员站在圆圈外，并安排两名练习者一人在圈内，一人在圈外。

游戏开始，圈外的练习者绕着圆圈队形跑动，试图进入圈内；圈内的练习者在圆圈中跑动防守，阻止其进入。若圈外练习者成功进入圈内，则与圈内人互换角色，继续游戏，此时的圈外练习者如果成功进入圈内，则与圈内练习者都回到圆形队伍中，再换另外两名练习者继续游戏。直到所有练习者都完成比赛。

4.游戏规则

（1）圈外练习者只能沿圆圈队形跑。

（2）圈内练习者只能在圆圈内防守，不得出圈。

（3）使所有练习者都体验一次圈外跑、圈内阻拦的角色。

### （二）螃蟹横走

1.游戏目的

发展大负荷运动耐力，提升意志力。

2.游戏准备

平坦场地。

3.游戏方法

所有练习者在起点线后排成两列纵队。

游戏开始，两队排头同时屈膝下蹲，两臂在体侧平展，背靠背侧对终点统一向前走。到达终点后，两人左右互换位置，统一返回起点，与下两位击掌，下两位练习者按同样的方法游戏，直至所有人都返回起点。

4.游戏规则

（1）指导员发出开始口令后，才能屈膝下蹲向前走。

（2）两人在行进过程中始终保持背靠背姿势。

（3）同行的两人必须步调一致。

## （三）相持对战

1.游戏目的

提升上肢力量耐力水平。

2.游戏准备

平坦场地。

3.游戏方法

将所有练习者分为两队，面对面站成两排，前后相距1米。

游戏开始，正面相对的两人同时将手臂向前伸展，手掌相对，一侧腿屈膝成弓步，二人用手掌互推对方，直至将一方推出指定区域。被推出者背着胜利者返回原位。

4.游戏规则

（1）双方僵持时任一方都不能躲闪。

（2）比赛过程中双方不能松开手掌。

## （四）跳跳鼠

1.游戏目的

提升下肢肌肉耐力水平和跳跃能力。

2.游戏准备

平坦场地，起始线和终点线中间区域间隔摆放若干标志杆。

3.游戏方法

将所有练习者分为两队，在起跑线后背靠背站两横排，两队站位均与起跑线平行。从最右侧开始，两人手臂互挽，屈膝下蹲，指导员在二人背部中间放一个排球。

游戏开始，两人配合向前跳，遇到标志杆时绕过，最终到达终点线，然后再返回，同样绕过途中标志杆。回到起点后将球交给下一组练习者，按同样的方法游戏，直至所有人都完成任务。

4.游戏规则

（1）两人必须配合完成游戏。

（2）若球在中途掉落，原地捡起，放好后再继续。

（3）返回时，之前在后面的练习者在前面跳，之前在前面的练习者在后面跳。

## （五）你跳我跟

1.游戏目的

发展跳跃耐力。

2.游戏准备

平坦场地，若干跳绳。

3.游戏方法

将所有练习者分为甲、乙两队，在起点线后成面对面平行站位，两队之间间隔30米。

游戏开始，甲队第一人原地双脚跳绳，累计连续跳绳的次数。跳绳中断后，快速跑向乙队将跳绳交给第一人，乙队第一人接绳后原地双脚跳绳，跳绳次数和甲队第一人相同。跳够次数后将跳绳交给本队第二人，第二人双脚跳绳至中断后，交给甲队第二人跳与其同样的次数，以此类推，直至所有人都跳完。

4.游戏规则

（1）每队每人只能跳一次，中断后立即将跳绳交给他人。

（2）跳绳方式只能采用原地双脚跳，采用其他跳绳方式的跳绳次数不计入总次数。

### （六）单足跳追捕

1.游戏目的

发展弹跳力和耐力。

2.游戏准备

平坦场地，秒表。

3.游戏方法

画一个很大的圈作为游戏区域，练习者中有两人为追捕者，其他人为被追捕者。所有人在圆圈内分散开。

游戏开始，追捕者单脚跳追捕他人，用手碰到被追捕者的任何部位都算追捕成功，被追捕到的人与追捕者互换角色。游戏时间10分钟。

4.游戏规则

（1）追捕者只能用单脚跳的方式在圆圈内追捕他人，在追到他人时抬起的脚不能着地，两脚可交替跳。

（2）被追捕者不能踩圆圈弧线。

# 第二节　器械趣味训练方法

## 一、哑铃训练

### （一）体前提拉

1.练习目的

发展三角肌。

2.练习方法

两脚并拢，双手各握一个轻哑铃，两臂伸展下垂置于体前。大臂向上带动小臂弯曲折叠，提拉哑铃到胸前高度，两臂在一条直线上，保持片刻，慢慢还原。反复练习。

### （二）站姿单臂后摆

1.练习目的

发展肱三头肌。

2.练习方法

两脚并拢，一手持小哑铃，两臂自然下垂落于体侧。负重手臂后摆至最大限度，保持片刻，慢慢还原。反复练习。

### （三）哑铃上举下蹲起

1.练习目的

发展肱二头肌、三角肌。

2.练习方法

两脚开立同肩宽，双手各持一个哑铃在体侧上举至头顶，肘部弯曲接近垂直，大臂与躯体也基本垂直。两腿屈膝半蹲，慢慢还原。反复练习。

练习过程中注意腰背部始终挺直，双手保持稳定。

### （四）俯身单臂伸展

1.练习目的

发展旋前圆肌。

2.练习方法

两脚开立，腿伸直，一只手握哑铃置于体侧，上体俯身，使躯干与下肢、手臂与躯体都基本垂直。

持哑铃手臂向后伸展至最大限度，拳眼向上，坚持3秒，慢慢还原。反复练习。

### （五）哑铃颈后臂屈伸

1.练习目的

发展肱三头肌。

2.练习方法

（1）坐在椅子上，挺胸收腹，双手握住哑铃一侧使其呈竖着的状态。放松手腕，手臂充分向上举起，哑铃另一侧向下。

（2）手臂尽可能与耳朵贴近，以肘关节为圆心将哑铃下放到头后，体会肱三头肌充分拉伸的感觉，慢慢还原。

### （六）哑铃平板卧推

1.练习目的

发展胸大肌和肱三头肌。

2.练习方法

（1）在长凳上平躺（上体和大腿在凳子上），小腿绷直使身体保持稳定，双手各持一个哑铃，掌心向前，拳眼相对。向上伸展手臂，微屈肘。

（2）吸气，手臂下放，感觉胸部完全活动开后，呼气，胸大肌发力带动手臂向上推至最高处。

在练习过程中，要注意不要过度向前伸肩，背部和大腿不离开长凳，胸肌充分活动。

## 二、壶铃训练

### （一）壶铃推肩

1.练习目的

发展肩部力量、手腕力量和腰腹部力量，同时提升肩关节的工作耐力和柔韧性。

2.练习方法

一只手持壶铃，屈腕向上置于肩前，上体挺直，对侧腰腹肌肉收紧，呼气，用力向上举起壶铃，手臂充分伸展，保持2秒，慢慢还原。两手来回交替练习。

如果选择了重量太大的壶铃，那么练习时为增加向上初速度，腿部肌肉可以适当发力，用爆发力快速将壶铃向上推起。

## （二）壶铃托举

1.练习目的

发展手腕力量和肱三头肌力量。

2.练习方法

两手在壶铃底部托起壶铃于胸前，两臂夹紧，躯干挺直，将壶铃上推过头，手臂充分伸展，控制，然后慢慢还原；也可以单手拖壶铃，要有控制地下放。

练习过程中，要选择自己能够控制的适宜重量的壶铃，不同大小的壶铃底部面积不同，对人的手掌和上肢力量的大小也有不同的要求。所以壶铃重量、练习负荷要因人而异。

## （三）壶铃风车

1.练习目的

发展腰部、髋部肌肉群力量、腰部旋转力量以及核心力量，同时提升身体协调性。

2.练习方法

单手持壶铃，手臂高举过头。另一侧手臂向下伸展至手触地，上体顺势向持壶铃手臂一侧转，头也转向壶铃所在的方向，目视壶铃。持壶铃手臂的异侧腿支撑身体重心。

练习过程中持壶铃手臂和同侧腿始终伸直，异侧腿稍屈膝，注意还原时有所控制。

### （四）壶铃臂屈伸

1.练习目的

发展肱三头肌。

2.练习方法

双手反手抓握壶铃上半部分，手臂向上伸展、高举过头，上臂夹紧与耳朵贴近，躯干挺直，腰腹肌肉收缩。肘部弯曲，壶铃向头后侧放，直至大小臂充分折叠；然后慢慢还原，反复练习。

## 三、软式重力球训练

### （一）重力上挑

1.练习目的

发展全身力量。

2.练习方法

两脚左右分开，稍比肩宽，屈膝半蹲成马步姿势，双手持球放在两腿间。站立，髋和腿充分伸展，双手快速抓起球向上举过头顶，手臂保持微屈状，还原。反复练习。

### （二）重力球单腿上举

1.练习目的

发展下肢力量和增加核心肌群的稳定性。

2.练习方法

两脚左右分开，稍比肩宽，两手抱球，一侧腿屈膝半蹲，另一侧腿屈膝向后摆，同时向前俯身。保持片刻，上体起立，支撑重心的屈膝腿伸直，后摆腿前移、屈膝上提，同时双手将球抱到屈膝腿同侧肩上方，保持，慢慢还原，反复练习。

### （三）跪姿重力球前推

1.练习目的

发展上肢爆发力。

2.练习方法

双腿跪在地上，间距同髋宽，躯干正直，双手持球放在胸前。向前移重心，同时用力向前推球，球出手后两手落地屈肘缓冲，此时躯干与大腿在一条直线上。还原，反复练习。

### （四）重力球后抛

1.练习目的

发展爆发力。

2.练习方法

双脚开立，屈膝半蹲，双手持球放于两膝间。腿部与髋部伸展，同时双手快速抓起球高举从头顶向后抛出。反复练习。

## 第三节　智能化体能训练方法

随着社会智能化的不断发展，智能化在体能训练中占据着越来越重要的位置。智能化体能训练主要体现在对信息技术和智能穿戴设备的广泛应用上。通过生物监测、大数据、数据分析等手段，使青少年的体能训练更具可操作性，更加直观，从而使青少年对自身的体能变化有较为准确的认识，也对日后的训练产生很好的激励作用。智能化体能训练的方法主要借助各种先进设备和技术来实现，而无需记住固定的训练方法和模式，只要根据训练目标以及自身的基础情况进行设置就可以实现科学的体能训练。

## 一、智能识别

最常见的智能识别技术包括计算机视觉技术、语音识别技术和人脸识别技术等。而体能训练中可能用到的技术主要有图像处理和体态识别等。

计算机视觉技术是通过模拟人类识别图像与文字的手段，对训练中的动作进行识别和判断，尤其是针对一些非常细微和快速的动作特别有效。和人类的视觉相比，计算机视觉技术具有信息抓取全面、速度快、可量化、效率高等众多优势，这能够很好地辅助教练辅导青少年进行体能训练，采用计算机视觉技术图像获取、分割以及目标检测和目标追踪手段，以及对青少年运动员体态的精确识别，能够准确地把握训练过程中的目标实现情况，对失误和技术的欠缺能够迅速而准确地定位，从而锁定具体要提升的环节或位置在哪里等。

总之，通过智能识别技术的帮助，可以使青少年运动员的体能训练效率得到大幅提升。

## 二、人体动作捕捉

对人体动作的捕捉是指在青少年运动员训练的过程中，使用跟踪器对其训练的关键部位进行实时测量，并利用计算机后台超强的计算功能得到训练过程的三维坐标数据，对训练过程中的动作进行可视化分析，对动作质量和风险诱因进行量化预估，从而在接下来的训练中更有针对性地加以改进。

## 三、智能传感

智能传感技术是体能训练中应用最为广泛的一种科技手段。通过传感器能够精准地呈现训练过程中的人体运动机制。

## （一）体感传感

在体能训练中，通过传感器对人体的骨骼、重力感、心电图脑波感测模组、眼球追踪感测等进行全面的追踪和检测，进而得到一组具有非常个性化的训练数据。通过对这些数据的进一步分析，能够针对青少年运动员当前的运动技能水平、技术优劣势一一给出详细的量化分析，这对体能训练是一个非常有效的技术应用。

## （二）红外传感器

红外传感器技术是一种利用红外线的物理性质对人体运动进行测量的技术手段。比如在腹肌核心肌群训练中，尤其是俯卧撑训练、仰卧起坐训练以及高抬腿跑训练等，用该技术计数会非常方便和准确。

## （三）动作姿态传感

动作姿态传感是通过MEMS传感器，实现快速精确的方位测量，在体能训练中，对青少年运动员的运动过程实施动态数据收集以及瞬间变化的捕捉。

## （四）可穿戴技术

可穿戴技术的应用较为普遍，甚至在普通大众的健身活动中也已经成为不可或缺的智能训练辅助手段。可穿戴技术是运用柔性传感器组成人体传感网，从而对运动训练中的各项机能数据进行收集、整理、计算和分析。比如心率、血氧、血压、最大摄氧量等基础数据，以及计算出与前面相邻几次训练的对比情况，或者近期在某一项数据方面又获得突破等，这些信息对指导青少年运动员进行体能训练是非常重要的，能够使青少年在训练中对身体的感知更加敏感，对自身的控制力也会更强。

# 第七章　青少年体能训练的科学保障

青少年的年龄特点决定了他们性格活泼好动，对新奇的事物充满好奇心，他们兴致来得快，消失得也快。但是同时自制力较差，经常会因为一时兴奋而参与自己并不擅长的体育活动，造成安全隐患。因此，本章将针对青少年体能训练的科学保障问题展开分析。

# 第一节　青少年体能训练的营养保障

青少年在进行体能训练时，尤其要加强对营养的补充，满足身体的基本营养和能量需要，这不仅是促进青少年健康成长的必要前提，也是保证青少年运动安全的重要因素。

## 一、青少年体能训练中的全面营养补充

### （一）糖的补充

青少年在体能训练或比赛的过程中要加强营养的补充，这是非常重要的。如果在训练过程中及时地补充糖，可以为机体提供额外的能量来源，增强运动技能、延迟疲劳感的出现，甚至还可以有效预防和改善情绪状态。但是注意要根据青少年的体重、活跃肌肉的体积、运动负荷来确定具体的摄入量，同时青少年的总体饮食目标和训练反馈也是重要的参考依据。一般而言，对于中等强度的训练，每天糖的摄入量为5～7克/千克；如果是高强度的训练，每天糖摄入量可以增加到6～10克/千克；如果进行的是超强度训练，如每天都保持4～5个小时的高强度训练的话，那么每日的糖摄入量为8～12克/千克。

### （二）蛋白质的补充

青少年在参加长时间的体能训练后，会消耗大量的能量，尤其是会造成肌细胞损伤和蛋白质分解，对应地就需要在运动间歇及训练后及时修复和更新。这时需要适量地补充蛋白质，以修复损伤，增加肌肉蛋白合成，同时促进糖原恢复、减轻肌肉酸痛。

需要注意的是，蛋白质并不是摄入越多越好，蛋白质的摄入量要适宜，

因为过多的蛋白易导致内环境酸化，加重肝脏与肾脏的负担，反而容易引起疲劳感。青少年应根据训练强度、运动量、年龄、总能量摄入确定具体的蛋白质补充剂量，但是注意应该保证补充的都是优质蛋白。蛋白质的吸收与合成利用受时间因素的影响。一般来说，在运动后3小时内肌蛋白的合成达到峰值。那么在训练后，除了补充糖之外，蛋白质也应该及时补充。

### （三）脂肪的补充

脂肪这一营养素在人体发展中也扮演着十分重要的角色。机体的有效供能可以节约运动中机体糖原的消耗，从而起到增强体能、延缓运动疲劳出现的作用。但是同时应该注意控制脂肪的摄入量，过多的脂肪会增加代谢氧耗，增加体脂和体重，降低肌肉做功的能力，从而影响运动能力。

### （四）电解质的补充

高强度的体能训练会消耗青少年机体大量的水分，因此一定要及时补充电解质。如果补水不及时，会造成肌肉痉挛、力量和耐力均减弱的现象。有研究发现，在体液损失程度从1%～4%的过程中，青少年的运动能力会大幅度下降。

电解质的补充对青少年体能的维持以及延缓疲劳十分重要，可以通过长期跟踪运动前后体重的对比，制定个性化的补水方案。在训练前和训练中饮用一定量的运动饮料，可以起到维持机体电解质平衡、增强青少年运动表现的作用。一般在训练期间，建议每15～20分钟就饮用170～340毫升的运动饮料。当然，不同青少年的情况是不同的，要因人而异，进行合理补充。

### （五）维生素的补充

维生素可以调节青少年机体生理生化过程、参与能量代谢。比如B族维生素可参与能量代谢和肌肉的修复和生长。青少年运动员日常进行大量的体能训练，他们对B族维生素的需求量是非运动员的两倍。

### （六）钙、铁的补充

钙是参与肌肉收缩、神经调节的重要营养物质，对于青少年来说钙尤为重要，它可以保障青少年健康的骨密度和避免骨折的风险。青少年每日应该补充钙与维生素D来保护骨骼健康，以及保证神经肌肉的兴奋程度。

铁是人体必需的矿物质，是血红蛋白和肌红蛋白合成的必需元素。如果青少年对铁的补充不及时，一方面体现在血红蛋白和肌红蛋白的合成减少，从而导致组织细胞摄氧量减少。因此，在训练中和训练后，都应该保证一定量的铁的补充，这样可以有效降低乳酸浓度，促进体能的恢复。

### （七）营养剂的补充

1.肌酸

补充肌酸的主要目的在于增加肌肉肌酸储备，从而促进糖代谢，这对促进肌肉收缩后磷酸肌酸和ATP的再合成有很大的帮助。适量补充肌酸，可以提高青少年在运动中完成、高强度动作的运动表现。需要注意的是，在使用肌酸时，尤其在湿热环境下进行体能训练时，要配合一定量的水的补充，这样才有理想的效果。

2.抗氧化剂

青少年参加训练和比赛，可以通过补充抗氧化剂，实现竞技能力的提升。一般常用的方法是食用葡萄籽提取物，它可以有效改善机体的氧化应激稳态失衡，还可以保护细胞免受氧化应激损伤，从而提高青少年的运动表现。另外，谷胱甘肽也是青少年经常补充的抗氧化补充剂，青少年可以结合自身具体实际合理补充。

## 二、青少年营养补充的注意事项

青少年运动员在平时的体能训练中除了按照训练计划进行训练外，还要注意营养的摄入，这是保证体能训练顺利进行的重要因素之一。青少年要了解和掌握相应的营养知识，构建自己的营养保障工程。相对于训练计划和训练理论，营养的问题更为复杂，青少年应该从早期就学习营养知识，培养自己的营养观念，合理饮食，提升训练效果。

### （一）营养补充要多样

人体所需的营养物质种类繁多，保持营养的多样性摄入是第一原则。机体的运作需要多种物质的参与，即使是以减脂为目的，如果采取零脂肪、零碳水的饮食计划势必会对健康造成长久的伤害。因此，营养补充的首要原则就是要保证营养摄入的多样性，只有在营养供应充足的前提下，机体才能发挥出最大效能，为体能训练提供最佳的基础保障。

### （二）有针对性地补充营养

青少年在参加体能训练时，补充营养需要有针对性地建构营养比例，根据不同的专项特点、具体的体能训练内容和目标，增加或减少不同营养素的摄入量，有针对性地构建营养工程。就像体能训练方法需要结合专项一样，营养摄入也需要结合专项进行，如果只具有含糊笼统的营养观念，对体能训练的效果必然有不利的影响。

### （三）营养补充要合理搭配

我们摄入食物是为了给机体提供营养物质，这些营养物质在体内经过复杂的协同作用为人体提供能量，使人体完成生命活动。我们经常听到的宣传是某种食物可以增肌，或者某种食物可以减脂。但是，这是一种不够准确的说法，因为无论是增肌还是减脂，都需要结合其他食物一起考虑，单独凭某一种食物或者不合理的搭配都不可能带来理想的效果。因此，营养摄入要注意科学、合理地搭配。比如，蛋白质是肌肉合成的重要营养物质，但是只有蛋白质还不行，还需要维生素C以及其他的微量元素共同参与才可以。所以，提到营养摄入的时候要具有一定的搭配意识，这样才能取得理想的营养补充效果。

### （四）营养补剂不是万能的

运动补充剂并不是万能的，这一点我们要客观对待。相关研究与实践表明，运动补充剂对人体有非常好的功效，但是作为某种营养的加强补充，运动补充剂是否适合长期使用还存在争议，目前也没有明确的科学定论。因此，我们应该对运动补充剂持客观理性的态度，补充要合理、要符合青少年自身的具体实际，切忌盲目。

### （五）营养补充要适时适量

青少年补充营养与成年人还是有一定区别的，那就是营养补充要及时、丰富、少量、多次进行。因为青少年的消化系统和循环系统还未发育完全，如果一次大量摄入营养物质，会造成消化系统的负担。相反，如果营养摄入不及时，又会影响他们的生长发育，因此，青少年的营养补充要适时适量地进行才更加有效。

## 第二节　青少年体能训练中运动疲劳与消除

青少年活泼好动，无论是进行专门的体能训练还是在日常生活中，难免会产生疲劳。对青少年的运动疲劳应给予一定的重视，采取科学合理的方式进行处理，以帮助他们尽快恢复。

## 一、运动性疲劳的概念

运动性疲劳是指人体在运动过程中出现机体能力暂时性降低的情况，但是经过适当的休息和调整后，可以恢复到原有水平的一种生理现象。运动性疲劳在强度较大的训练中比较常见。另外，不经常进行体能训练、偶尔大量运动的人也较容易出现运动性疲劳。在正常的训练过程中，无论是发展体能还是运动技能，人体运动水平的提高一般都会伴随着疲劳—恢复—再疲劳—再恢复的良性过程。

尽管运动性疲劳属于训练过程中的正常现象，但是若得不到及时恢复，让疲劳产生累积，则容易出现过度疲劳的现象，这就会对人体健康产生不利的影响，因此应该对运动性疲劳予以一定的重视，并及时进行处理，避免疲劳加重而危害健康。

## 二、消除运动性疲劳的方法

在体能发展过程中出现运动疲劳是很正常的现象。但这不等于可以置之不理，正确的处理方式是采取相应的措施积极消除运动疲劳，避免因疲劳累积而对机体产生不良影响。因此，对于体能训练者来说，应高度重视运动疲劳，并掌握有效的方法来促进疲劳的消除。

### （一）劳逸结合

出现运动性疲劳后，适当的放松活动是促进疲劳消失的最基础也是见效最快的方式。另外，增加睡眠时间也可以很好地消除运动疲劳。在大量的运动训练之后，及时做放松活动，然后早点休息，保证高质量的睡眠，很快就可以恢复体力和精力，再投入下一阶段的训练。

1.放松活动

放松活动是有效训练的组成部分，而不是可有可无的附属品。常见的放松活动有慢跑、散步、冥想、拉伸运动等。

2.睡眠

运动后有明显的助眠效果，这就是因为运动后由于疲劳的产生，机体倾向于通过睡眠来消除疲劳，因此对睡眠也产生了促进作用。人体的睡眠时间也是机体各个系统和组织进行修复的时间。

## （二）物理治疗

1.温水浴

在大量运动之后，如果能进行一次温水浴也可以明显缓解运动性疲劳。通过温水的冲洗和浸泡，可以加快促进人体的血液循环，放松僵硬的肌肉，帮助排泄代谢物质。因此，温水浴被常常用来缓解运动性疲劳，同时它也是一种十分简单易行的消除疲劳的方法。

2.按摩

对于训练强度较大、训练频率较高的体能训练者而言，按摩是必不可少的缓解运动疲劳的途径。通过对各个大小肌群的刺激和神经反射作用，促进血液循环，缓解运动性疲劳。有条件的训练者可以将温水浴和按摩相结合，效果更好。

3.吸氧与负离子吸入

吸氧的目的是促进机体内大量酸性代谢产物的氧化，从而减轻训练者的疲劳感。

## （三）营养补充

人体在运动过程中，各个组织器官都处于兴奋状态，或者说是高速运转状态，人体的新陈代谢率急剧增加，因此，消耗了大量的营养物质。在运动后，需要及时补充营养以满足机体正常运作的需要。另外，运动中产生的大量代谢产物也需要大量的能量才能将其分解和排出。

### （四）中草药辅助

专业的运动员在大量训练后，或者高强度的比赛后会采用中草药辅助缓解运动性疲劳。对于普通的体能训练者，可以了解相关的知识，如果有必要，也可以自行选择相应的手段辅助缓解运动性疲劳现象。比较常见的有“四君子汤”“复方生脉饮”“复方党参液”“益肾口服液”“补肾益寿片”等。

## 第三节 青少年体能训练中再生与恢复的方法与手段

青少年正处于生长发育的关键阶段，因此，针对他们进行体能训练更加追求科学与高效。例如，除了常规的训练之外，还要增加再生与恢复的练习，从而促进疲劳恢复，加速体能的发展。

恢复是指通过一些恰当的练习，帮助青少年在身体上和心理上得到舒缓和放松，从而促进身体与心理疲劳的恢复。再生是指通过一些特有的按摩手段，使青少年能够在完成大量的体能训练后快速恢复。常用的设备有泡沫轴、按摩棒和扳机球，借助这些设备对肌肉、韧带、痛点、扳机点和淋巴系统进行按摩。再生与恢复不仅能可以加快炎症的消除，而且还能及早发现青少年潜在的伤痛迹象，因此再生与恢复在青少年体能训练中被广泛引用。

## 一、泡沫轴

### （一）小腿后侧肌群

练习方法：练习时首先坐在瑜伽垫上，双腿伸直，上身保持直立。双腿交叉，练习的腿在下，辅助的腿在上。然后用泡沫轴缓慢滚动小腿后侧，使泡沫轴在膝关节与踝关节之间缓缓滚动。两腿交换练习，每条腿练习时间持续30秒。

动作要领：练习时膝关节保持伸直，上半身不要含胸，也不要后仰，否则会减弱练习的效果，同时收紧核心，呼吸规律。

注意事项：在练习时不要憋气，且保证泡沫轴滚动充分，完全放松小腿后侧的整个肌群。

### （二）大腿后侧肌群

练习方法：方法与小腿后侧的练习方式一样，不同的是要将泡沫轴置于大腿后侧。让泡沫轴在臀部及膝关节之间缓缓滚动。两腿交换练习，每侧腿持续30秒。

动作要领：上身保持直立，保持规律呼吸。

注意事项：收紧核心。

### （三）小腿前侧肌群

练习方法：上身保持双臂俯撑的姿势，双腿屈膝90°，一条腿的小腿前侧放在泡沫轴上，另一条腿压在练习的小腿上方（增加压力），使泡沫轴在膝关节与踝关节之间缓缓滚动。练习过程中，上身保持直立。两腿交换练习，每侧腿持续30秒。

动作要领：收紧核心，规律呼吸。

注意事项：练习时不能憋气。

### （四）大腿外侧肌群

练习方法：身体保持正直。单肘体侧撑地，双腿伸直，泡沫轴位于大腿外侧。使泡沫轴在臀部及膝关节之间缓缓滚动。两腿交换练习，每条腿持续30秒。

动作要领：上身保持直立，收紧核心，保持规律呼吸。

注意事项：练习中不要憋气。

## 二、按摩棒

### （一）小腿后侧肌群

练习方法：找一个平坦的垫子，坐在上面，屈膝，小腿后侧肌群用力滚动按摩棒。

动作要领：屈膝，小腿放松。

### （二）大腿后侧肌群

练习方法：手持按摩棒在大腿肌群来回滚动。

动作要领：屈膝放松，均匀用力。

# 第四节 青少年体能训练中运动损伤与防治

青少年在体能训练过程中难免会发生运动损伤，做好预防和应急处理是非常必要的。

## 一、青少年体能训练中常见运动损伤及处理方式

### （一）擦伤

1.概述

擦伤属于皮外伤，是运动损伤中比较轻型的损伤，一般自行处理即可。皮肤受到较强外力擦搓是导致擦伤的主要原因，症状为皮肤有出血现象，或者有组织液渗出。

2.处理

小面积擦伤：用红药水涂抹伤口。

大面积擦伤：先用生理盐水洗净，再涂抹红药水，有需要时可用消毒纱布包扎，以免二次触碰伤口造成感染或引起疼痛。

### （二）挫伤

1.概述

因撞击器械或与他人相互碰撞而造成挫伤。损伤处红肿，皮下出血，伴有疼痛。

2.处理

24小时内冷敷或加压包扎，抬高患肢或外涂中药。24小时后按摩或理疗，在恢复期做功能性锻炼。若怀疑内脏损伤，紧急处理后送医院检查。

### （三）中暑

1.概述

在高温天气下运动时，容易出现中暑的现象。症状较轻时，表现为头疼、头晕、嗓子疼等，严重时可引起大脑机能发生障碍，昏迷晕倒。

2.处理

（1）首先应避免在高温天气时进行户外运动。

（2）发生中暑后，应采取物理降温的方式，如到阴凉通风处休息。

## 二、青少年体能训练中运动损伤的有效预防

### （一）损伤预防原则

1.树立安全意识原则

青少年参加体能训练，一定要提升自己的安全意识，具体就是提升预防运动损伤的意识。教师在体能训练中也要加强预防运动损伤的教育工作，让青少年充分意识到自我保护和预防运动损伤的重要性。除此之外，还要加强运动防护技能的培养，提高青少年的自我保护能力。青少年只有掌握了科学的运动防护技能，才能在具体运动过程中有效预防运动损伤。

2.合理负荷原则

在青少年体能训练中要注意安排合理的运动负荷，合理的运动负荷能极大地降低运动损伤发生的概率，确保运动安全。如果运动负荷过大就容易导致运动损伤。但是，也不能为了青少年不受伤而一直采用小负荷练习方式，这不利于良好训练效果的获得。应根据青少年的实际情况和训练目的而循序渐进增加运动负荷，但要在训练者能够承受的范围内调整负荷。

3.全面加强原则

全面加强主要是指促进身体素质的全面发展。青少年在体能训练中发生运动损伤有时主要是身体素质水平不高造成的。因此，全面提升各项身体素质是预防运动损伤的重要原则和方法。在青少年体能训练中，要将基础体能训练贯穿其中，可作为专项体能训练的热身内容。

4.严格医务监督原则

医务监督是预防运动损伤的重要手段。必要的医务监督有助于青少年及时发现身体不适状况，实现早发现、早处理的目的。除此之外，还要注意检查运动场地与器材，防患于未然。

5.灵活调整训练计划原则

当青少年在体能训练中出现严重疲劳时，要及时调整训练计划，以免疲

劳加重而导致损伤发生。调整训练计划并不会破坏训练的完整性，能够防止因青少年受伤而中断训练。对训练计划进行调整，主要是调整训练内容、方法和负荷，以降低难度、减少频率、减轻负荷为主，以促进疲劳的恢复。当青少年疲劳症状消失，身心机能恢复正常时，可继续实施原来的训练计划，但要注意预防损伤。在伤后的恢复性训练中，也要制订相应的恢复训练计划，旨在促进受伤组织的恢复，而如果将原训练计划作为恢复训练计划使用，那么会导致未完全恢复的组织再次受伤。

## （二）损伤预防措施

采取一定的预防措施能有效降低运动损伤发生的概率，青少年在参加体能训练时可以采取以下预防损伤的措施和手段。

1.调整好身心状态

青少年在正式进行体能训练前，有时会因为个人身体状态、情绪、运动水平、已有经验以及精神状态等因素的影响，身体机能和心理素质会发生生理变化和心理变化。越临近正式训练，变化就越显著。训练前的这种身体和心理上的变化统称为运动前状态。实践证明，运动前状态会影响正式运动的过程及运动训练的效果，这种影响既有积极的影响，也有消极的影响。需要注意的是，运动前不管神经系统兴奋性很高还是很低，都不利于后面的运动训练，都会制约训练效果。例如，当兴奋性很低时，常见表现是兴趣低下，情绪不高，态度冷淡，这样运动能力也会下降；兴奋性很高时，常见表现是紧张到失眠，心情急躁，影响食欲，这样必然对训练中的发挥不利。训练前不管是过度兴奋还是兴奋度极低，都和心理因素的影响有关。为了防止不良心理影响大脑神经状态，进而影响训练中的安全及训练效果，青少年应在训练前调整好身心状态，如出现失眠、明显疲劳、感冒等不适症状，或者精神或心理受到严重刺激，要及时解决和处理身心问题。在身体和心理恢复初期，宜选择强度较小的练习内容，随着身体和心理状态的进一步调整与逐渐恢复，再逐渐增加运动强度，渐渐提高训练效果。

2.加强力量训练

力量素质是其他各项体能素质的基础，具有非常重要的作用。青少年运动员需要具有良好的爆发力、协调力和耐力，这对在体能训练中预防运动损伤具有非常大的帮助。在体能训练中，身体力量占优的青少年发生损伤的概率相对低一些。由此可见，青少年在日常训练中一定要高度重视力量素质训练。

3.注意体格检查

在有组织性的青少年体能训练活动中，教练员要注重对青少年的体格检查，从而充分了解青少年的身体状况，制定出科学合理的运动方案，这样才能有效预防运动损伤。

4.维护良好的运动环境

青少年参加体能训练需要在良好的环境下进行，这对预防运动损伤也具有重要意义。因此，在日常体能训练中，要关注训练场地的卫生及其他环境问题，防患于未然。

5.重视热身准备

青少年在体能训练前做好充分的准备活动，可以有效预防运动损伤，还能延迟疲劳出现的时间，并促进训练效果的提升。热身准备活动具体由下列几个部分组成。

（1）一般性准备活动

活动内容包括健步走、慢跑等，时间为10分钟左右，通过简单热身，使身体预热，微微出汗。

（2）伸展练习

身体主要肌肉群做静态性伸展练习和被动伸展练习，时间大约10分钟。

（3）动态伸展

做原地伸展练习和移动中伸展练习，时间大约10分钟。

6.运动后注意拉伸与放松

训练后做一些拉伸与放松练习，主要是为了消除疲劳，促进身心机能恢复正常水平，并预防在下次运动中受伤。拉伸练习属于柔韧性练习，通过牵拉肌肉，不仅能改善肌肉的弹性和灵敏性，还能使运动感受器更加敏感，促进运动感知觉能力的提升，进而促进应激能力的改善。

# 参考文献


[1]李丹阳，李春雷，尹军.青少年体能训练科学与应用（翻译版）[M].北京：人民卫生出版社，2022.

[2]李科.高校体育改革践行体教融合路径研究[M].长春：吉林大学出版社，2023.

[3]石陆.体教融合下的青少年全面健康与发展研究[M].长春：吉林大学出版社，2022.

[4]邢衍安.我国青少年体能训练内容体系构建研究[M].长春：东北师范大学出版社，2021.

[5]陈福亮.运动技能和体能组合练习对儿童青少年身心健康的影响研究[M].北京：北京体育大学出版社，2020.

[6]田学礼.青少年运动员体能训练方略研究[M].长春：吉林出版集团股份有限公司，2020.

[7]赵琦.体能训练理论与方法[M].南京：东南大学出版社，2017.

[8]王向宏.体能训练理论与方法（2版）[M].北京：北京航空航天大学出版社，2014.

[9]（澳）保罗.柯林斯（Paul Collins）.男性力量训练：体能、核心稳定性、爆发力训练指南[M].朱禹承，译.北京：人民邮电出版社，2017.

[10]潘志国，李元伟.中国国家女子篮球队体能训练特征研究[J].中国体育科技，2016，52（5）：120–125+130.

[11]谭祥列. 篮球教学与专项体能训练结合的教学研究[J].甘肃联合大学学报（自然科学版），2013，27（3）：122–124.

[12]杨长久.初中篮球教学中体能与技能协同发展的方法及注意事项[J].体育师友，2021，44（04）：16–17.

[13]孙雨.大数据时代下智能化监控对于篮球运动员体能训练的影响[C]//中国体育科学学会体能训练分会.第八届中国体能高峰论坛暨第二届中国体能训练年会书面交流论文集.[出版者不详]，2021：6.

[14]马赛恒.智能时代青少年体能训练新思路研究[J].科技资讯，2021，19（27）：169–170+173.

[15]申玉波，孙德宇，宋鑫平，等.智能化体能训练应用技术与问题分析[J].冰雪体育创新研究，2021（07）：190–192.

[16]苑廷刚，陈骐，王国杰，等.科技助力国家田径队智能化训练场馆建设需求和功能设计研究[C]//中国体育科学学会.第十一届全国体育科学大会论文摘要汇编.[出版者不详]，2019：3.

[17]闫琪，廖婷，张雨佳.数字化体能训练的理念、进展与实践[J].体育科学，2018，38（11）：3–16.

[18]尤静静，李彦龙.数字化体能训练促进游泳运动员体能高质量发展的创新机制[C]//中国体育科学学会体能训练分会，全国学校体育联盟（游泳项目）.奋进新征程——推动青少年和学校体育高质量发展——第四届国际水中运动论坛论文摘要汇编.[出版者不详]，2022：3.

[19]朱廷宇，蒋志进，李雨衡，等.探索与优化：青少年游泳运动员体能训练实施困境及创新策略研究[C]//中国体育科学学会体能训练分会，全国学校体育联盟（游泳项目）.奋进新征程——推动青少年和学校体育高质量发展——第四届国际水中运动论坛论文摘要汇编.[出版者不详]，2022：3.

[20]邢恺文.以体能训练为核心的高校田径训练方法优化与创新路径[J].拳击与格斗，2023（04）：111–113.

[21]马昱.田径跳跃类项目的体能训练方法与手段创新[J].体育风尚，2023（02）：95–97.

[22]赵剑宇.新时代青少年乒乓球运动员专项体能训练方法创新发展[J].田径，2021（12）：79–81.

[23]刘红星.浅谈肌肉力量训练的方法创新[J].长沙航空职业技术学院学，2017，17（03）：120–124.

[24]邵夏，陶海荣.浅析大学生100米跑训练方法创新[J].西部皮革，2019，41（08）：148+150.

[25]陈精权.体能训练在高中体育教学中的创新路径[J].高考，2021（14）：157–158.

[26]董蕤.田径短跑项目体能训练的重要性[J].大众标准化，2019（17）：65–66.

[27]刘强.田径运动的体能训练途径探索[J].当代体育科技，2019，9（22）：49+51.

[28]罗会.田径体能训练要点分析[J].当代体育科技，2020，10（7）：14–15.

[29]吴昆.试论田径体能训练的实施方法与提升策略[J].田径，2020（1）：29–30.

[30]于学良.河北省田径队男子三级跳远运动员体能训练特点研究[D].河北师范大学，2019.

[31]罗燕.青少年身体素质发展敏感期及干预效果的研究综述[J].冰雪体育创新研究，2021（04）：151–152.

[32]尹军.促进青少年体力恢复的再生练习方法[J].体育教学，2014，34（08）：28–30.

[33]王隽，尹军.运动后恢复与再生训练的方法和教学[J].体育教学，2019，39（12）：21–23.

[34]王可.竞技健美操柔韧素质训练方法的改革与创新[J].体育世界（学术版），2014（04）：62–63.

责任编辑：马妮璐
责任技编：吴彦斌
装帧设计：马静静

ISBN 978-7-218-17441-9
9 787218 174419 >
定价：92.00元